続

対人援助職の燃え尽きを防ぐ

発展編

仲間で支え、高め合うために

植田寿之 著

創元社

続・対人援助職の燃え尽きを防ぐ　発展編＊目次

はじめに

「被災地ではすべての方々が一丸となり、仲間とともに頑張っておられます。人は、仲間に支えられることで大きな困難を乗り越えることができると信じています」

東日本大震災から一二日経った二〇一一年三月二三日、第八三回選抜高等学校野球大会の開会式で、創志学園（岡山）野山主将が行った選手宣誓の一節です。苦しい生活を余儀なくされながらも復興に向かう多くの被災された人たち、そして、いろいろな形で被災者や東日本の復興を支援しようとする全国の人たちが一丸となっています。このように一つの同じ方向に向かって一丸となっている人たちを、野山主将は「仲間」と呼びました。仲間に支えられている人も「仲間」の一員ですから、全体的に、そして客観的にみると「仲間で支え合っている」ということになるのでしょう。

あなたが働く対人援助の組織やチームの人たちも一つの同じ方向に向かっているはずです。ならば、職場集団も「仲間集団」になり得るはずです。そして、「支え合う」だけではなく、専門職ですから「高め合う」こともできるはずです。このように考え、「甚大な被害」のあるなしにかかわらず、それぞれが感じる困難を乗り越え、目標を達成するために、一丸となること自体が大切なのではないでしょうか。その一丸となった状態が「仲間集団」ではないかと思います。無策で「仲間集団」をつくることはできません。個人やチーム、そして組織が努力をする必要があるのです。

と、いきなり厳しい話を書きましたが、何をしたらいいのかわからない状況で「努力をしろ」と言われても、それは酷な話です。

前著『対人援助職の燃え尽きを防ぐ――個人・組織の専門性を高めるために』では、まず、支援を必要としている相手とよい援助関係を築くために、あなた個人の専門性を高める必要があること、そして、個人では克服しにくい問題があるために、バックアップとして組織の専門性が必要であることを示してきました。あなた個人の専門性は、組織によってより高められることになります。しかし、組織のあり方によっては、逆に、あなたの専門性を低下させてしまうことにもなりかねません。

昨年、前著を出版してから、いろいろご意見をいただきました。「わかっているんだけど、うちの組織ではなあ……」と。これは結構多かった意見です。どうやら多くの現場で、組織やチームが、対人援助の専門職集団として育っていないという現実があるようです。

そこで、続編を書くことにしました。組織やチームでは、いろいろな違いのある人たちが一緒に仕事をしています。その違いからお互いに摩擦を感じ、ストレスを溜め込み燃え尽きていく。これは、個々の対人援助職が、個人的に頑張ってもどうすることもできない問題かもしれません。組織やチームのメンバーが、同じ方向を見て一丸となる。そんな仲間集団へと成長する必要性を感じます。

本書では、その方策を具体的に示しています。本書を活用され、あなたの組織やチームが仲間集団へと成長すること、そして、あなたをはじめメンバーみなが、仲間とともに専門性を高め、燃え尽きを防ぐことを願っています。

次ページに、本書全体の構成を図で示しておきました。

前著の『対人援助職の燃え尽きを防ぐ――個人・組織の専門性を高めるために』とともに、本書が、対人援助職のあなたと、あなたの組織やチームの人たちの一助となれば幸いです。

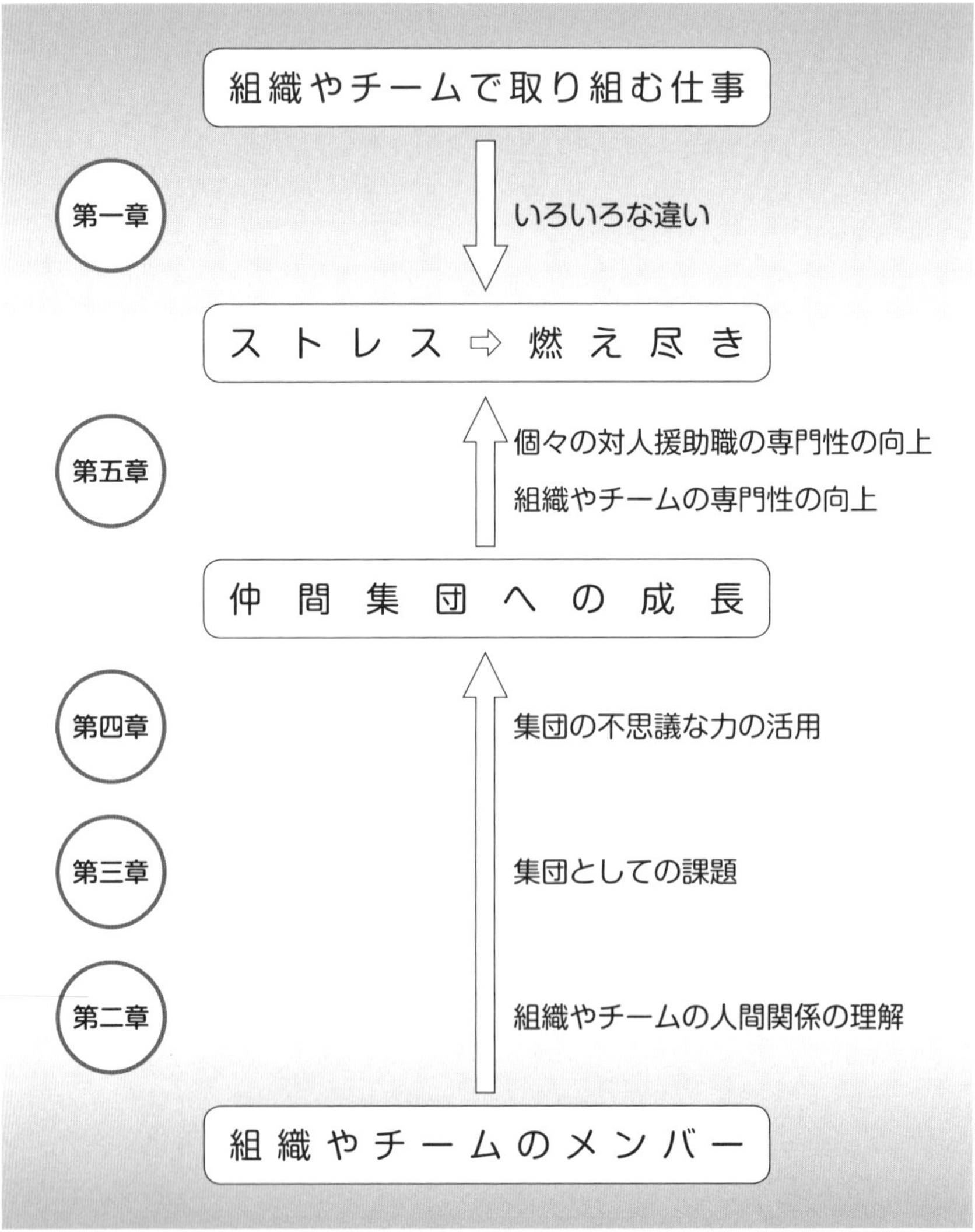
組織やチームで取り組む仕事
第一章
いろいろな違い
ストレス ⇨ 燃え尽き
第五章
個々の対人援助職の専門性の向上
組織やチームの専門性の向上
仲間集団への成長
第四章
集団の不思議な力の活用
第三章
集団としての課題
第二章
組織やチームの人間関係の理解
組織やチームのメンバー

第一章

組織やチームでのあなたのストレス

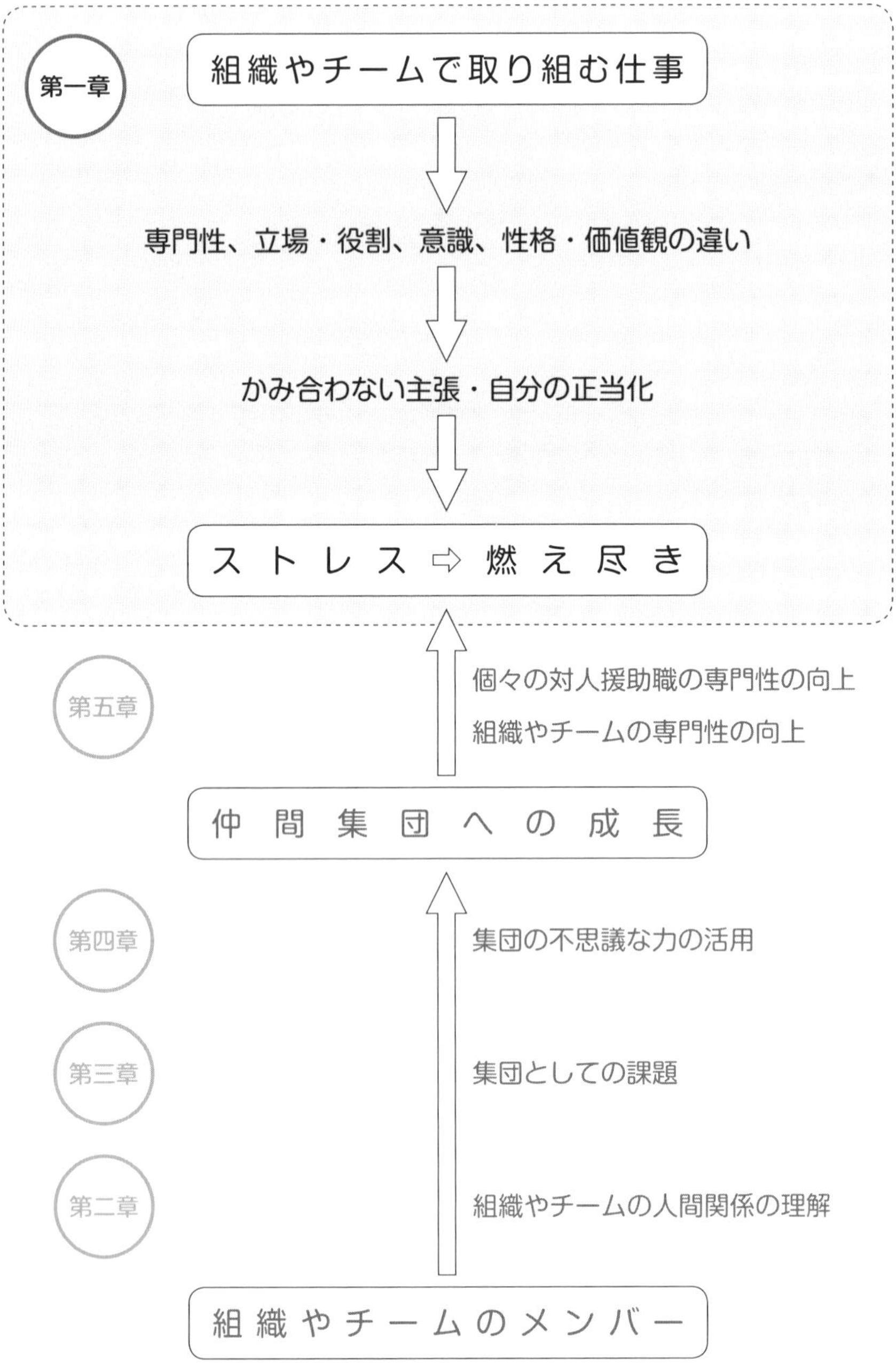
第一章
組織やチームで取り組む仕事
専門性、立場・役割、意識、性格・価値観の違い
かみ合わない主張・自分の正当化
ストレス ⇨ 燃え尽き
第五章
個々の対人援助職の専門性の向上
組織やチームの専門性の向上
仲間集団への成長
第四章
集団の不思議な力の活用
第三章
集団としての課題
第二章
組織やチームの人間関係の理解
組織やチームのメンバー

ストレスから燃え尽きへ

ストレスとは

ストレスとは、『広辞苑（第六版）』によると、「種々の外部刺激が負担として働くとき、心身に生じる機能変化」「俗に、精神的緊張をいう」などとしています。また、ストレス学説を唱えたセリエは、「何らかの外力によって、心理的に身体的にゆがみが生じた状態」と定義づけしています。

人はみな、何らかの外からの圧力が加わったときに、心や体を守ろうとして反応します。緊張したり、身を固くしたり、思わず目を閉じたり、顔をこわばらせたり……その一連の反応がストレスなのです。

「ストレス」というと、どうしてもマイナスのイメージがつきまといます。ストレスを抱えた状態のとき、決して「うれしい」とか「楽しい」といった気持ちにはならないでしょう。できれば避けたいものです。でも、よく考えてみると、マイナスばかりではなく、結果としてプラスをもたらすこともあるのです。

たとえば、細い路地の多い道を車で通るとき、あなたは、「誰かが飛び出してくるのではないか」と神経を研ぎ澄ませ、用心して運転します。対人援助場面でもこうした場面はいくらでもあるでしょう。はじめて出会う利用者の面談をするとき、対応困難な患者の家族の面談をするとき、あなたの部下、後輩となる新人職員がはじめて出勤したとき、あるいは、あなた自身が新人職員としてはじめて出勤したときなど、誰もが緊張します。その緊張は、決して心地よいとはいえないかもしれません。でも、緊張することによって、相手を理解しようとする力や感受性が高まるのです。そして、専門知識や技術、これまでの経験で得たものを動員して、相手とかかわることができるようになるのです。

言い換えれば、人間社会がさまざまな社会関係で成り立っている以上、人が生きていく上でストレスは欠かせないものだといえます。つまり、適度なストレスが必要だということです。適度なストレスは、日々のあらゆる活動の原動力となり、新しいことに挑戦するときや困難に直面したときに、エネルギーをもたらしてくれるのです。

問題になるのは、ストレスが過剰にのしかかってきたときなのです。ストレスが過剰にのしかかってくると、自分自身を守りきれず、利用者や患者、生徒との関係、職場の人間関係、場合によっては私生活にまで支障をきたすことになります。その支障がさらなるストレスの原因となり、悪循環を繰り返してストレスから抜け出すことができなくなるのです。

ですから、ストレスをなくすことではなく、過剰なストレスを適度なストレスに変えていくことが大切なのです。適度なストレスも、決して心地よくないかもしれません。でも、生きていく以上それは覚悟しましょう。

さて、ストレスを引き起こすものを「ストレッサー」といいます。よくない人間関係や環境の変化など、あなたにとって好ましくない刺激、あなたの「思うような状況」を邪魔するものすべてを指します。誰もが、「心は穏やかでありたい」「不安など抱えたくない」と思っているはずです。いつでも「思うような状況」の中で暮らしたり、仕事をすることができると、過剰なストレスを抱え込むことはありません。でも、ある日突然「思うようにならない状況」があなたを襲うのです。うれしくない話ですが、必ず、そういう状況は起こるのです。

燃え尽きの症状

過剰なストレスを長期間抱えていると、燃え尽きに陥ります。正確には「燃え尽き症候群（バーンアウト）」といい、マスラックによると、「極度の身体疲労と感情の枯渇を示す症状」とされています。燃え尽きの初期の症状としては、「なんとなく体がだるい」「やる気が出ない」「頭が重い」などといった風邪にもよく似たような症状が現れます。「風邪かなあ」と思って薬を飲むのですが、なかなかすっきりしません。少しよくなってはぶり返すといった症状を繰り返すのです。

少し症状が進んでくると、心の疲れを自覚できるようになってきます。たとえば、朝起きるととても体がだるいのです。「今日は仕事に行きたくないなあ」と、仕事に行くことが億劫《おっくう》になってきます。でも仕事に責任を感じていますので、しんどい自分にむち打って頑張って出かけます。ところが、職場に着いてもやる気が出ない。利用者や患者に機械的に接してしまう。後輩や新人に有無を言わせないように理屈ばかりをこねてしまう。大事な仕事を放ったらかしにしておいて、どうでもいいことを先にやり、結局大事な仕事ができなくなる……などといった症状が現れてきます。ここまで来ると症状は少し進んでいます。

ここまで書くと、「ドキッ」とした方は多いのではないでしょうか。このあたりまでは、ほとんどすべての対人援助職が陥る症状なのです。ですから「職業病」だといわれています。

さらに症状が進むと、本当に仕事に行けなくなります。朝起きると頭がガンガンするのです。吐き気がするのです。おなかがキューッと痛むのです。ます。「体調が悪いので休ませてください……」。ところが、電話を切って三〇分もすれば症状は治まっています。すると、「症状が治まったのに私は仕事を休んでしまった……」と自分を責めるのです。これでは、仕事を休んでも気持ちが休まりません。つまり、責任感の強い人ほど燃え尽きやすいということになります。

「燃え尽きない人を雇いたければ、責任感のない人を雇ったらいい」。でも、そういうわけにはいきません。やはり、責任感の強い人を雇いたいものです。ところが、責任感の強い人は燃え尽きやすい。ですから何とかしなければならないのです。

さらに症状が進むと、「もうこの仕事を辞めよう……」。辞めることを考えます。辞めることを考えても、まだ元気なうちはいいのです。なぜならば、辞めるための前向きな理由を見つけることができるからです。「大学院に進学するために辞めよう」「専門学校に行って違う資格を取ろう」「結婚を契機に辞めよう」「出産を契機に辞めよう」などです。

前向きな理由を見つけることができる場合は、気持ちのしんどさがいくぶんましなので、まだいいほうなのです。最も気の毒なのが、「とにかく今、目の前にあるしんどさから逃れたい」という一心で、あと先のことを考えずに突然辞めていくというパターンです。私の教え子にもそのような人たちがたくさんいました。

ある教え子はこんなことを言っていました。「もう仕事を続けることができません。上司ばかりが気になって、利用者さんと向き合えないのです。明日にでも『辞める』って言います」「辞めてどうするの？」と尋ねると、「今そんなことは考えられません。今はとにかくゆっくり家ですごしたい。気持ちが落ち着いたら次のことを考えます」ということでした。そして最後に、「これ以上続けたら、福祉の仕事が嫌になりそうです」と言いながら、泣き崩れていました。結局、彼女は、年度途中の中途半端な時期に辞めていきました。対人援助の職場では、このように燃え尽きていく人が実に多いのです。

多かれ少なかれ、対人援助職ならば、誰もが燃え尽きに陥ります。ですから、ひどくなる前に何とかしなければならない。これは、あなたの問題でもあるのです。

対人援助職の二重のストレス

対人援助職は、大きな二重のストレスの中で仕事をしているといわれています。まず一重めは、仕事の相手が人であるというところから生じるストレスです。相手が物や機械の仕事とはまったく違います。相手が物や機械であれば、「このボタンを押せばこうなる」「ここまで組み立てれば次はこの部品をはめこんだらいい」など、結果や工程がはっきりしています。こちらが工夫すれば成果も現れやすい。ところが、あなたの仕事の相手は生身の人。一生懸命やっているのに逆効果ということもあるのです。

たとえば、AさんとBさんという二人の人がいるとしましょう。Aさんとはいつもうまくいきます。ところが、Aさんと同じようにかかわっているのに、Bさんとはまったくうまくいかない。次第にBさんに苦手意識をもつようになります。でも担当ですので、かかわらざるを得ません。苦手意識をもちながらかかわり、今日もうまくいかなかった。でもまた次の日もかかわらざるを得ない。やはりうまくいかなかった。また次の日も……。あなたは、Bさんとのかかわりが苦痛になってきます。この苦痛が次第にストレスになっていくのです。

また、こんなこともあります。同じAさんでも、さっきまでうまくいっていたのに、突然関係がぎくしゃくしだした。「私、何かしたのかなあ」と考えてみても、思い当たるところがない。「いったいどうなってるの」とわけのわからないいらだちを覚え、それがストレスになっていくのです。

さらに、対人援助の仕事は、必ず組織やチームで行います。組織やチームの中には、いろいろな人たちがいます。上司もいれば部下もいる。同僚もいればほかの専門職もいる。また、チームは、専門職だけで構成されるとは限りません。特に、自宅や地域で暮らしている人たちを援助することになると、その家族や親戚、ご近所の人たちやボランティアといった、専門職ではない人たちもチームの一員としてとらえる場合もあります。

こうしたいろいろな人たちと一緒に仕事をすることによって摩擦が生じ、ストレスを感じるのです。このストレスが、相手が人であるところから生じるストレスの周囲に存在する二重めのストレスで、あなたにとってかなり厄介なものになるのです。

では、組織やチームの中には、どのようなストレスが渦巻いているのでしょうか。

違いから生じるストレス

組織やチームでは、あなたは、いろいろな「違い」のある人たちと一緒に仕事をしています。その違いが、深刻なストレスと、やがては燃え尽きをもたらすのです。では、具体的な事例を通して、そのストレスをみていくことにしましょう。

事例❶

ケアマネジャーのあなた

あなたは、三二歳の女性。大学を卒業し、特別養護老人ホームで介護職を五年、相談職を四年務めてきた。社会福祉士とホームヘルパー二級の資格をもっている。昨年、上司の勧めでケアマネジャー（介護支援専門員）の資格を取得した。それをきっかけに、この春、同じ敷地内の一角にある居宅介護支援事業所（ケアプランセンター）へ配置換えになった。

実質、上司との二人の部署だった。あなたの上司は、もともと看護師として長年病院で勤務をしてきた五三歳の女性。ケアマネジャーとしても七年目のベテランであった。事業所の管理者は、施設全体の事務局長が兼務していた。六一歳の男性。勤務時間の大半は施設本体の事務所にいて、あなたや上司が作成するケアプランの中身にはまったく関心を示さなかった。この春、市の福祉部を定年退職し採用された。福祉現場の経験はまったくなかった。

あなたは、九年間にわたる特別養護老人ホームでの介護と相談の経験を活かして、今度は自宅で暮らすお年寄りの暮らしを支えようとやる気満々だった。積極的に利用者の自宅を訪問し、本人や家族の話を聴いた。老夫婦がぎりぎりのところで何とか支え合って自宅で暮らそうと踏ん張っている姿、父親とけんかをしながらも、なんとか自宅で暮らさせてあげたいと頑張る息子夫婦の姿には感動した。

こんなケースもあった。認知症が進み、客観的にはどうみても施設に入らないと暮らしていけないと思われるが、どうしても自宅で暮らしたいと強く願う一人暮らしのお年寄り。母親は頑固に自宅で暮らすと言い張り、関係がこじれ、もう耐えきれなくなった嫁が家を出て、息子が母親の虐待をしているケース……。あなたは当惑した。

いずれにしても、あなたは、一人ひとりの当事者に寄り添い、今まで培った「聴く技術」を駆使し話を聴いた。よい関係も築くことができた。それだけに、ケアプランを作成するまでに時間がかかった。

ケアプランセンターへ配置換えになって、しばらく経ったときのことであった。上司があなたに言った。「あなたの立てたケアプラン、利用者さんや家族の言いなりになりすぎているんじゃないの？　この利用者さんは、もっとリハビリや服薬管理をしないといけないでしょ。それに、ここの職員なら施設の都合も考えてプランを立ててくれなきゃ。もっとうちの施設のデイサービスを使うとか……この部署は、家で暮らすお年寄りにもっと施設を使ってもらうための部署なのよ。それに、あなたは話を聴くのに時間をかけすぎ。そんなに時間をかけていては、数をこなせないでしょ。これから担当ケースをどんどん増やすのよ」。結構、強い口調であったため、最初あなたは驚いた。しかし、次第に腹立たしくなってきた。

また、地域のほかの事業所からも批判が寄せられた。ケアプランセンターのケアマネジャーとは、自宅で暮らすお年寄りを支えるために、地域のいろいろな事業所の専門職や家族などで構成されるチームの役割分担をする調整役である。

あるホームヘルパーからは、「この人は、家でなんて暮らせないんじゃないの。訪問したらいつも尿まみれよ。家族は全然協力してくれないし、ヘルパーとして責任もてません」。ある訪問介護師からは、「たくさんの薬がゴミ箱に捨ててあったわよ。どうするの？　まだ一人暮らしを続けるの?」。一方、家族からは、「あのヘルパーや看護師は何なの? 私に説教ばっかりして……こっちはお金払っているのに、何のために来ているのかわかっているのかしら。もうあの人たち、代えてちょうだい」

あなたは、孤独だった。誰もあなたの味方をする人はいなかった。上司には、利用者や家族の話を、時間をかけて聴くこと自体責められ、当事者の意向に沿ってケアプランを立てると、上司やチームの専門職からは批判され、チームの専門職への苦情という形で家族にも突き上げられた。

あなたは思い悩んだ。「国も市も事業所も、表向きは『利用者本位』なんてきれいなこと言っているけど、利用者ご本人のことなんて誰も考えてないじゃないの」「私は何を信じたらいいの」

配置換えになって一か月後、担当ケースは一気に限度枠いっぱいの三五件に増やされた。とても忙しくなった。上司やチームの専門職、また、利用者の家族から批判は続いた。心も体も疲れてきたあなたは、やる気が失せてきた。次第に、「どうすれば批判を浴びないケアプランをつくることができるか」を考えるようになった。自分を守るためだった。もはや、利用者はあなたの眼中になかった。

あなたの気持ち

あなたは、大学在学中に「ホームヘルパー二級」を、卒業と同時に「社会福祉士」を取得しました。大学では、ゼミの先生が、「利用者とのよい援助関係を築く」ことや「お年寄りの地域での暮らしを支える」ことを専門としていたこともあり、そのことについて詳しく学びました。そのことで卒業論文まで書きました。ですから、対人援助については、かなり深く学んだつもりでいました。

あなたは、特別養護老人ホームに就職しました。もともと相談職に就きたかったのですが、施設長の意向もあり、介護現場を五年間経験した上で相談職に就くということになりました。

あなたは、二四時間態勢の変則勤務の中で、施設のお年寄りのお世話をしました。ゼミの先生がしきりに教えてくれたように、利用者や面会に来られた家族の話をよく聴きました。「人には、過去があって現在がある。現在があって未来がある」。あなたの先生の口癖でした。あなたは、「利用者さんや家族がこれからの生活を組み立てるにあたっては、過去から現在を整理しないといけない」ことをよくわかっていました。ですからよく話を聴きました。戦後の混乱期をどのように生きてきたのか、人生のそのときどきの節目で何があったのか、そのときにどのような気持ちだったのか、その人にとっての輝きは何だったのか、その人にとって家族とは何なのか、今の状況をどのように感じているのか……。あなたは、よく話を聴いたおかげで、利用者や家族とのよい援助関係も築くことができるようになりました。

あなたは、「人生っていろいろだなあ」と感じました。援助を必要とするたくさんのお年寄りやその家族がいますが、「介護で困っている」という言い方をすれば、みな一緒です。でも、その困り方や背景、困っている気持ちの中身を聴くと、みな違うことに気づきました。十把一絡げにしてはいけない。お年寄りが、それぞれ充実した余生を送るためには、それぞれ違う奥深い人生に寄り添わないといけない。よく考えてみれば、大学で学んだことでしたが、実際にお年寄りや家族と介護を通して接してみて改めて実感したのです。

五年間の介護現場の経験のあと、あなたは、予定どおり相談職に就きました。「生活相談員」は各フロアに一人でした。主な仕事は、入所や退所の調整、利用者や介護職員などの介護現場と家族との橋渡し、短期入所（ショートステイ）の調整、利用者や家族からの要望・苦情の窓口などでした。あなたは介護現場を経験してきてよかったと思いました。大学を卒業したばかりで社会経験もない状態で、いきなり一人職場で相談や調整の仕事などできなかった。相談職に就いて改めてそう思いました。でも、「これからは一人だけど、利用者さんや家族、介護職員のために頑張るぞ」と気持ちが駆り立てられました。

特に、いろいろな調整業務は、本当にたいへんでした。「よほどのことがない限り、連絡はしないでください」と家族から言い放たれたり、何のいわれもない苦情が寄せられたり、他部署からあなたのフロアの介護現場への鋭い批判があったり、それらの処理には神経を使いました。しかし、あなたの仕事ぶりは、上司に認められるところとなりました。

昨年、上司が、「ケアマネジャーの資格を取らないか」と勧めてくれました。あなたは、自宅ですごすお年寄りの暮らしを直接支える仕事もしたいと思っていたので、勧めに応じて試験を受けました。一発で合格しました。そして、今年、ケアプランセンターへ配置換えになりました。施設としては、居宅介護支援事業を充実させたくて、優秀なケアマネジャーがほしかったのです。つまり、あなたに白羽の矢が立ったわけでした。

あなたは、やる気満々でしたが、今までとは勝手が違いました。老人ホームの介護現場では、時間内にやらなければいけない仕事は決まっていて、最低限それをこなしながら、その場そのときに必要な仕事をする。あなたの場合は、利用者や家族とのコミュニケーションを大切にしました。相談職としては、そのつど必要な仕事をすることが多かったですが、一人職場でしたので、自分の裁量でできることも多かったのです。

ケアプランセンターは、まったく違いました。自宅で暮らす利用者の家庭訪問や利用者が利用する病院、施設等への訪問が多く、携帯電話をもたされました。それにまず戸惑いました。ひっきりなしに利用者や家族、地域の事業所などから電話がかかってきました。でも、あなたは丁寧に対応しました。それは、あなたの習慣になっていました。

ところが、すぐにあなたは大きな壁にぶち当たりました。まず、上司との関係でした。あなたの上司はもともと看護師でした。上司は、ケアプランを立てるに当たり、現在の利用者の体の状態を把握することや治療に重きを置きました。ですから、服薬管理、食事管理、リハビリなどを大切にしてしまいました。利用者だけではなく、家族も含めた当事者の気持ちや暮らし、そして歴史を大切にしてきたあなたは、今まで自分が正しいと信じてきたことを真っ向から否定されたような気持ちになりました。たいへんなショックを受けました。

また、上司の「ここの職員なら施設の都合も考えてプランを立ててくれなきゃ」「この部署は、家で暮らすお年寄りにもっと施設を使ってもらうための部署なのよ」「あなたは話を聴くのに時間をかけすぎ。そんなに時間をかけていては、数をこなせないでしょ」には開いた口がふさがりませんでした。「施設の都合」「質より量」を重視する上司の考えは許し難かった。もう、あなたは呆れを通り越して、上司を軽蔑するようになってしまいました。そんな上司の下で働く自分も嫌になりました。

さらに、地域のヘルパー事業所や訪問看護ステーションからの批判にも驚きました。「サービス担当者会議で、みなで相談して納得してケアプランをつくったはずなのに、どうして……」。追い打ちをかけるように、家族から「もうあの人たち、代えてちょうだい」と突き上げられました。あなたは、家族とよい関係だっただけに、ヘルパーや訪問看護師に対して、激しい怒りを感じました。

その後も複数の事業所からいろいろと批判される日々が続きました。「『利用者本位』なんていう言葉、パンフレットから消したらいいのに……」。あなたは、そう思いました。

配置換えがあって一か月後に、三五件まで担当ケースが増やされました。一気に倍増でした。制度上の限度まで増やされること自体はやむを得ません。それはあなたもわかっていました。でも、いろいろと組織やチームの中で摩擦を感じ、しんどい思いをしていたあなたには、「とどめ」を刺されたように感じました。

あなたは、心にも体にも限界を感じました。自分を守らなければいけません。そのためには、利用者や家族を眼中から切り捨てるしかありませんでした。

事例❷

看護師のあなた

あなたは、二二歳の女性。看護学校を卒業後、新人の看護師として、この春、病院に就職した。看護学校の学費を病院から助成してもらっていたので、最低三年間は継続して、その病院に勤務しなければならなかった。

あなたは、就職して三か月の新人だった。しかし、患者やその家族、地域のいろいろな施設・機関の職員にとっては、そんなことは関係なかった。病院内のほかの部署の職員も、新人だからといって容赦はなかった。三か月間、あなたは、緊張のしっぱなしでかなり精神的に疲れてきた。眠れない日もあった。毎日、起きると胃が痛く、食事をとらずに出勤する日もあった。

そんなある日、サブで担当していた患者の主治医から、「Mさん、来週月曜日に退院してもらうから、調整しておいて」と指示があった。あなたは、「調整しておいて」の意味がよくわからなかった。あなたの教育係である主担当の先輩看護師は、急な休みだった。病棟師長も主任も会議で不在だった。

「急がないといけない」と思ったあなたは、忙しく走り回っていたほかの先輩をつかまえて尋ねた。「それなら、まず、本人に確認して、相談室のソーシャルワーカーに振ったらいい。退院支援はあの人たちの仕事だから」と言って走り去った。

あなたは、疑問を抱きながらも、Mさんに確認した。すると、「そんなこと聞いてない。『退院は先延ばしにしてほしい』と妻から主治医にお願いしているはず」と強い口調で責められた。あなたは、血の気が引くほど混乱した。あなたは主治医に電話した。主治医は外来の診察中で、あと一時間は電話に出られないということだった。

しばらくして、ソーシャルワーカーからあなたに電話が入った。「Mさん、退院なの？　今、奥さんから、すごい剣幕で『どういうことなの？』ってお怒りの電話があったわよ」。口調は強くなかったが、あなたは、責められているように感じた。

あなたは、会議からもどってきた主任に相談した。主任は、主治医に電話で確認してくれた。外来で診察中の主治医は、イライラしながら、「私は、Mさんにちゃんと伝えたはず。さっき、担当の看護師にも伝えたから、あとはあなたたちの仕事でしょ」ということだった。

主任が言うには、「退院の日は、主治医と患者さんや家族が相談して決めて、それで問題なければ、看護師は、特に何かを調整する必要はないの。でも、Mさんのように、調整が必要な場合は、ソーシャルワーカーさんにも入ってもらって、場合によれば、患者さんが退院してからお世話になる地域のケアマネジャーさんにも入ってもらって調整するのよ。それで、退院の日が決まったら、その日に向けて、気持ちよく退院できるように、本人や家族の心配ごとの相談に乗ったり、励ましたりするの。患者さんに日頃からかかわっている担当看護師は、一番患者さんのことを知っているわけだから、そのときは結構たいへんなのよ」。あなたは、主任の説明が、自分自身の退院支援のイメージと同じでホッとした。

ところが翌日、あなたの教育係で主担当の先輩看護師が、「あなた、やってくれたわねえ。今朝出勤するなり、主治医とソーシャルワーカーから叱られたじゃないの。どうしてくれるの」ときつく責められた。あなたは、責められるようなことは何もしていなかった。しかし、謝るしかなかった。釈然としなかったが、落ち着いて昨日のいきさつを説明した。主任の説明で、退院支援について納得したことも伝えた。

すると、「主任の説明は間違っているわ。そんな調整は看護師の仕事じゃないの。そんなことをしていたら看護師本来の仕事ができないでしょ。ただでさえ忙しいのに。主任は何を考えているのだか。退院支援は、主治医とソーシャルワーカーがやればいいのよ。昨日の場合、Mさんにちゃんと伝わってなかったのだから、まず主治医が悪い。もう一度、患者本人と家族にちゃんと説明するように言わないと。家族からソーシャルワーカーに怒りの電話があったのなら、ソーシャルワーカーが主治医と調整したらいいのよ。看護師は、とやかく言われる筋合いはないし、昨日のようなソーシャルワーカーからの電話は適当にかわすこと。『主治医に聞いてくださいい』って言っておけばいいの。あの人たちは、私たちのように専門職じゃないんだから、何でもしてもらわないと」。あなたは驚いた。

Mさんの件について、あなたの教育係である主担当は、主治医に一方的にクレームをつけた。あなたは、そのこと自体信じられなかった。

その日の午後、主治医と病棟師長、それにソーシャルワーカーが、なにやら話し合いをしていた。とても険悪な雰囲気だった。Mさんの妻の顔も見かけた。

あなたは、複雑な気持ちだった。何を信じていいのかわからなくなった。「退院支援は、これからいくらでもある。どうしたらいいのか理解しておきたい」。そう思ったあなたは、勤務が終わってから、こっそり相談室のソーシャルワーカーのところに相談に行った。もちろん教育係の先輩には内緒だった。ソーシャルワーカーの説明は、主任の説明とほぼ同じだった。ところが、安心したのも束の間だった。「ちゃんと退院支援のことをわかってくれているのは、あなたの病棟じゃ主任さんぐらいかな」

それ以降、あなたは、退院支援だけではなく、あらゆる業務に対して、看護師によってまったく意識が違うことを感じはじめた。医師やソーシャルワーカー（相談室）との連携もうまくいっていないことにも気づいた。また、医師から細かい指示のあった患者の「病気の治療」以外の仕事、たとえば、患者の精神的な不安への対応、家族へのかかわり、いろいろな調整などは、自分の仕事ではないと思っている看護師があまりにも多いことに気づいた。あなたは、自分が思い描いていた看護師像とは大きく違い、驚くとともに困惑した。

あなたは、一緒に就職して同じ病棟で働く同期の看護師にそのことを相談した。「ここの病院って何かが変よね。患者さんをベルトコンベアに乗せて治療しているみたい。私は、もう来月末で辞めるから。次に行くところも決まったし。あなたは、『お礼奉公』三年間だったわね。お気の毒に……」ということだった。あなたは、看護師がどんどん辞めていく理由がわかったような気がした。「どうしよう」。あなたは、途方に暮れてしまった。

あなたの気持ち

あなたの母親は看護師でした。五年前、あなたが高校二年生のとき、事故で母親は亡くなりました。両親は、あなたが生まれてまもなく離婚していたので、あなたと姉は、たちまち経済的に困りました。でも、姉は、翌年、大学を卒業し、無事就職が決まったので、日頃の暮らしについては何とかなりました。

あなたは、母親のような看護師になりたいと、ずっと願っていました。担任の先生や姉と相談し、地域の病院から学費の助成を受けて看護学校に進学することにしました。ただし、卒業後、その病院で最低三年間は勤務することが義務づけられていました。

母親は、よく言っていました。「患者さんは、退院するときって、すごく不安になるの。退院してしまったら、もう病棟の看護師はかかわれないけど、この退院に向けた最後の支援がとても大切なのよ」。あなたは、イメージがつかめないものの、母親の言葉の意味はよくわかりました。あなたの耳と心には、母親の言葉がずっと残っていました。

あなたは、就職して三か月、何をするにしても、そのつど先輩たちに聞いて行動することしかできませんでした。まだ注射もできないあなたでしたから、それは仕方がないと思っていました。あなたは、必死に教育係の先輩についていきました。厳しい先輩でした。ときどき、あなたが納得できないような理不尽なお小言もありました。でも、あなたは、「私が早く一人前の看護師になるように教育してくれているんだ」と自分に言い聞かせて、自分を励ましました。

あなたは、専門職の厳しさを思い知りました。患者や家族から見れば、新人でも看護師です。包帯を巻くにしても、清拭《せいしき》をするにしても、ちょっと失敗をすると非難されます。

患者が何らかの形でかかわっていた地域の施設や機関から電話がよくかかりました。あなたがサブで担当している患者に関係する電話には、主担当である先輩が対応しました。基本的に先輩と勤務は同じなのですが、先輩が事情で休むこともありました。そんな日は、あなたが対応を任されました。あなたにとっては、要領の得ない電話も結構ありました。「あなたじゃ話にならないわ」。相手はイライラしているのか、よく激しい口調で叱られました。

病院内のほかの部署の職員も、「新人だって、病棟の看護師なんだから、そんなことぐらい勉強しておきなさい」。そう叱られるたびに、さらに輪をかけて教育係の先輩から叱られました。

あなたは耐えました。でも、体は正直でした。朝起きると胃が痛むのです。心の疲れも自覚するようになってきました。あなたは、それでも自分にむち打って頑張りました。「ここで負けたらお母さんのようになれない」

Mさんの退院について、主治医から指示があったとき、「あなたは、たいへんな指示を受けてしまった」と思いました。今まで先輩について回っていましたが、「調整しておいて」という指示ははじめてでした。来週の月曜日が退院ということなので、とにかく急がないといけないと思いました。教育係の先輩が急な休みでしたし、師長も主任も会議で不在ということだったので、ほかの先輩に聞くしかありませんでした。

あなたは、忙しそうに走り回っている先輩に声をかけることに、たいへん躊躇しました。まるで、「私は忙しいのよ。余計な仕事はできないの。声はかけないで」と背中が訴えているようでした。それでも、あなたは、急ぎの用事でしたから、思い切って先輩に声をかけました。嫌みの一つも言われるかとビクビクしていましたが、案外すんなり教えてくれました。でも、「まず、患者本人に確認して、ソーシャルワーカーに振る」ということには疑問を感じました。「もし患者さんにきちんと退院のことが伝わっていなかったらどうするの？」「ソーシャルワーカーに振るって、そんなこと私がしてもいいの？」。そう思いましたが、先輩は走り去ってしまいました。

仕方がありません。教えてもらったように、Mさんに確認しました。案の定、退院についてはきちんと伝わっていませんでした。強い口調で責められました。あなたは、血の気が引くほど混乱してしまいました。嫌な予感がしました。

予感は的中しました。あとで知ったのですが、ソーシャルワーカーからの電話は、単なる確認のものでした。でも、あなたは、責められているように感じました。翌日、いきなり教育係の先輩からきつく責められました。「嫌な予感はこれだったんだ」と気づきました。これを予感していたから、ソーシャルワーカーからの電話も責められているように感じたのでした。

主任とソーシャルワーカーからの「退院支援」についての説明には救われました。あなたが信じていた看護師の姿がそこにありました。先輩には内緒でしたが、ソーシャルワーカーに相談に行ってよかったと思いました。

しかし、教育係の先輩の考え方や行動には参りました。まるで「退院支援は余計な仕事だ」と言わんばかりでした。あなたは、「医師」という存在に尊敬の気持ちを抱いていましたので、医師に一方的にクレームをつけること自体も信じられませんでした。「ソーシャルワーカーは専門職じゃない」。これにはたいへん驚きました。

あなたの母親は、かつて、「患者さんの不安に寄り添うことや調整のことで悩んだら、私はいつもソーシャルワーカーさんに相談するのよ。あの人たちは、そのプロだから、頼りにしているの」と言っていました。ですから、あなたもソーシャルワーカーに相談に行ったのです。

「ちゃんと退院支援のことをわかってくれているのは、あなたの病棟じゃ主任さんぐらいかな」というソーシャルワーカーの言葉にはショックを受けました。あなたは、主任とソーシャルワーカーの説明を聴いて、患者への最後のかかわり、「退院支援」を大切にしようと思ったからです。

以降、教育係の先輩だけではなく、同じ病棟のほとんどの先輩たちが、白衣を着たロボットのように見えました。仕事を確実にこなすロボットならまだいいのですが、あなたに見えたのは、血の通っていないロボットでした。病院内の連携もうまくいっていない。結局、そのあおりを受けるのは患者なのです。あなたは、とんでもなく気が滅入りました。

同期の看護師に相談をしたのは、救いを求めたかったからです。でも、逆に突き放された気持ちになりました。「身勝手な人だ」と思いました。「まだ『お礼奉公』ははじまったばかりだ……」。あなたは、三年間も続ける自信がなくなりました。

事例❸ 保育士のあなた

あなたは、二八歳の女性。保育士として保育所に勤めて八年目を迎えた。今年度は、三歳児クラスの担任であった。三歳児クラスは二つに分けられていた。あなたのクラス（さくら）は、三歳児クラス全体のサブリーダーである一二年目の先輩とあなた、もう一つのクラス（コスモス）は、リーダーである一五年目の先輩と二年目の若い後輩保育士が担任だった。

この春、コスモスにはSくんが入所してきた。Sくんは、担任が話していても、じっと座って話を聴くことができない、落ち着きのない子どもだった。今日も、朝一番、みなで歌を歌いはじめると、裸足で園庭に飛び出し、他のクラスの遊びに参加していた。昼食時もじっと座って食べることができなかった。椅子に立ち上がったり、走り回ったりするもので、ほかの子どもたちも落ち着かない。コスモスの二人の担任は、一日中Sくんに振り回されていた。あなたが、日に数回応援に駆けつけることで、何とか一日を終える日が続いた。

あなたは、コスモスの二人の担任のSくんへのかかわり方に疑問を抱いていた。特にリーダーである一五年目の先輩は、あなたから見れば、Sくんにかなり厳しい言葉を浴びせ、無理に座らせようとしたり、片づけをさせようとしていた。食事は、食べ終わるまでは座っているように、羽交い締めにしていた。もちろん効果はなかった。あなたは、Sくんの行動が、そのためにますますエスカレートしているような気がした。

あなたは、「危険がなければ、遠くから見守るようにしたほうがいいのではないか」と、一度リーダーに言ってみた。すると、「何を言っているのよ。今、きちんとしつけないとダメでしょ。Sくんが走り回ることで、ほかの子どもたちも落ち着かないのよ」。結構強い口調だったので、あなたは驚いた。と同時に、「そんなことやっていたら、ますますエスカレートするのに」と思って憤りを感じた。しかし、口には出せなかった。

ある日の朝、Sくんは、いつものように裸足で園庭に飛び出したかと思うと、遅れて登園してきた子どもと母親が門を開けたとたん、園の外に出てしまった。若い後輩は、大声を上げながら追いかけた。大声に驚いたSくんは逃げた。後輩は、やっとの思いでSくんをつかまえた。「もう私、身がもちません。何とかしてください」。後輩がリーダーに訴えた。というよりも、突き上げるような口調だった。困り果てたリーダーは、Sくんを迎えにきた母親に今日の様子を伝えて、「この頃、お家《うち》ではどうですか」と尋ねた。母親を責めるような口調だった。それを聞いていたあなたは、「これはまずい」と思った。

「どんなに一生懸命やっても駄目なんです」。案の定、母親は泣き出した。あなたは、今こそ母親の話をゆっくり聴くべきだと思った。しかし、その瞬間、「しつけはどのようにされているのですか？」とリーダーは、やはり責めるような口調で尋ねた。母親は、「すみません」と言って、泣きながらSくんを抱きかかえ、逃げるように帰って行った。

「ああいう言い方は、よくなかったのではないでしょうか……」。あなたは、リーダーに小さな声でこっそり言った。「じゃあ、どうしろって言うのよ」。いきなりの強い口調に、あなたは驚いた。「これから、園長に話して、明日の会議で結論を出してもらいます」そう言うと、憮然として部屋を出て行った。後輩を見ると、やはり憮然としていた。親の迎えを待つ数人の子どもたちがいたが、部屋全体が気まずい空気だった。

あなたは、サブリーダーに、コスモスの担任への疑問について相談した。すると、「あっちにはリーダーがいるんだし、任せておいたらいいじゃない。こっちは、毎日あなたを応援に出すだけで精一杯なんだから、これ以上は無理。園長がどうにかしてくれるでしょ」。まるで他人事のような態度に、あなたは釈然としなかった。

翌日、Sくんは登園しなかった。あとで聞いた話だが、母親は、仕事を休み、Sくんが出て行けないように鍵を閉め、カーテンも開けずに一日中二人で家の中にいたという。

夕方、会議がはじまった。最も大きな議題は、Sくんへの対応だった。リーダーは、Sくんの状況を説明した。かなり感情を伴っていた。リーダーは、「このまま園にいるのなら、ほかの子どもたちも落ち着かない。きちんとSくんをしつける必要がある。だから、Sくん付きの保育士を一人置くべきだ」という主張に、ほとんどの保育士は同調した。あなたは、保育士を増やすことについてはまったく異存はなかった。しかし、「しつけ」については、疑問を感じた。意見を言ってみたが、リーダーに一蹴され、それで立ち消えになった。

園長は、今朝、地域の保健センターで、精神科の医師と保健師に相談した上、保育所を経営する法人本部に行き、理事長や事務局長と相談してきたことを話した。保育士を増やすことは理事長の裁量で可能であること。ただし、そのためには、Sくんが「発達障害」であると証明された診断書が必要であることが説明された。

リーダーは、園長にお礼を言った。ほかの職員の顔にも安堵がうかがえた。「母親が、診断書を書いてもらうことを拒否したらどうなるんですか?」。あなたは園長に尋ねた。「残念だが、園を退所してもらうしかない」ということだった。「この事務的な対応は何?」。あなたは憤りを感じた。しかし、他の職員は何も言わなかった。

その翌日、園長からSくんの母親に、決定事項が言い渡された。母親は、「発達障害」と診断されることにたいへんな抵抗を感じていた。今までいろいろな人から「しつけがなっていない」

などと言われてきた。母親自身、「この子は発達障害なのではないか」と感じていた。しかし、まだそれを認めることには抵抗があった。認めたくなかった。「まだ三歳だ。誰にでもあるそういう性質の部分がたまたま表に現れているのかもしれない」

母親のこうした気持ちは、かなりの感情を伴って園長に示された。しかし、園長は、繰り返し、「診断書を書いてもらったら配慮ができる、そうしてほしい。そうしないと退所せざるを得ない」と説明した。結局、Sくんは退所することになった。まだ、新年度に入って三週間しか経っていなかった。

あなたは、やるせない気持ちでいっぱいだった。何もできなかった自分が情けなかった。「もっと勇気ある行動に出ることはできなかったのか」。そう自分を責めた。

Sくんが退所し、コスモスは「平和」になった。あなたも応援に駆けつける必要がなくなった。リーダーやサブリーダー、それに後輩は、「かわいそうだけど、無理に退所させたわけじゃないし、これでよかった」と口々に言っていた。あなたは、どうしても「よかった」とは思えなかった。

あなたは、長期出張から帰って来た主任にそのことを話した。主任は、いつもあなたの理解者であり話しやすかったからである。主任も話を聴いて疑問を抱いたという。しかし、園長と理事長が動いた以上、主任の立場ではどうしようもないということだった。

三歳児クラスのリーダーはじめ、ほとんどの保育士は、すばやい園長や法人本部の対応に感謝し敬意を表していた。しかし、あなたは、自分が情けない気持ちをもちながらも、憤然とした感情を抱いていた。その感情が消えることはなかった。

あなたの気持ち

実は、あなたにも、今から思えば発達障害（ＡＤＨＤ　注意欠陥多動性障害）ではないかと思われる弟がいました。当時、子どもだったあなたは、まだ「発達障害」という言葉すら耳にしたことはありませんでした。診断も受けませんでしたし、実際どうなのかはわかりません。でも、あなたの弟の行動は、Ｓくんとよく似ていました。次々と注意の対象が変わり、まるで落ち着きがありませんでした。弟とは、八歳も離れていましたので、あなたは弟の世話をよくしました。手のかかる弟が可愛くてたまりませんでした。

あなたは、短大の授業で、「発達障害」について勉強したとき、弟もそうではないのかと思いました。両親に確かめると、そうかもしれないということでした。実は、弟が三歳のとき、つまりＳくんと同じ歳の頃、精神科を受診していたようでした。そのときの医師の話では、「まだはっきりしたことは言えませんが、注意欠陥多動性障害の可能性はあります。ただ、今そのように診断しても、障害名がこの子につくだけで、何のメリットもありません」ということでした。両親は、医師の助言もあり、「障害としてではなく、個性として見守っていこう」ということにしたようでした。

あなたが、弟の世話をよくしていた頃は、そんなことがあったこと自体知りませんでした。両親からは何も知らされず、あなたは、何の先入観もなく弟と一緒に暮らしていました。あなたの両親は、弟に対して、決して無理強いすることはありませんでした。そのかかわり方を真似ていると、あなたは、弟の行動パターンがつかめるようになりました。すると、知らず知らずのうちに、弟が失敗したり、怪我をしないように、配慮をするようになっていました。弟も、そんなあなたによくなついていました。

両親は共稼ぎでしたので、弟は、保育所に通っていました。やはり「落ち着きのない手のかかる子」だったようです。あなたの母親が言うには、「よく保育士さんに相談に乗ってもらった」ということでした。保育士から責められたことは一度もなかったそうでした。

弟は、やがて小学校にあがりました。当初は、授業がはじまっても校庭にいたり、ボーッと外を眺めていたりといったことはあったものの、次第に落ち着いてきました。放っておくと、忘れ物が多かったのですが、「あなたが一緒に宿題や明日の用意をする」ことが習慣になっていたので、ほとんど問題はありませんでした。

弟は、勉強の成績はあまりよくなかったものの、身体能力には目を見張るものがありました。サッカーやソフトボールなどチームでする競技やマラソンなどの長距離走は、集中力が続かず、苦手でした。でも、短距離走、走り幅跳びや走り高跳びなどでは、たいへんな力を発揮しました。高学年になると、市の陸上大会で優勝するなど、その実力は、誰もが認めるところとなりました。

中学校でも陸上競技ですばらしい成績を残した弟は、推薦で高校にも入学できました。この頃には、障害があったかもしれないことは、両親も忘れるぐらいでした。推薦でしたが、試験を受けて大学にも無事進学しました。

弟は、昨年二〇歳の誕生日を迎えました。今年一月、市の成人式から帰ってきた弟は言っていました。多くの同級生たちは、市長や来賓の話も聴かず、友達同士でしゃべったり、携帯で電話をしたりメールをしたりと、落ち着きのない騒がしい成人式だったそうです。きちんと座って話を聴いていた弟は、腹立たしく思ったそうです。

あなたは、Sくんをそんな弟と重ね合わせて見ていました。リーダーや若い後輩は、まったくゆとりがなかったようですが、あなたは、走り回るSくんを、弟を見るようにむしろ微笑ましく見ていました。

リーダーは、Sくんがじっと座ること、片づけることなどのしつけを重要視していました。あなたは、見ていて、「そんなことをしたらエスカレートするだけだ」と感じていました。あなたの弟は、厳しくしつけなくても、大きくなるにつれ、自然にできるようになりました。

後輩が、リーダーに、突き上げるような物の言い方をしたことは、それまでにも何回かあったので、「またか」と思ったぐらいでした。でも、「じゃあ、どうしろって言うのよ」というリーダーの強い口調には驚きました。まだ、数人の子どもが部屋にいました。子どもたちも驚いた顔をして、気まずい空気が漂っていました。あなたは、そのことも「まずい」と思いました。

園長と法人本部の対応の早さには目を見張りました。よい対応ならば「さすが園長、さすがわが法人」となるのですが、逆に、あなたには、怒りがこみ上げてきました。母親の子育てを支援するところじゃないのか。

「保育所は、母親とともに子育てをするところじゃないのか」「母親がどんな気持ちでSくんを育てているのか、どんな苦労を感じているのか、ゆっくり聴くことが先決ではないのか」「今、診断書をとり、『発達障害』だとレッテルを貼ることで、母親の苦しみは倍増するのではないか」「診断書をとるということは、Sくんや母親のためではなく、園や法人を守るためではないのか」……などいろいろな思いが頭を駆けめぐりました。

結局、Sくんは退所になりました。母親と父親が相談してそう決めたのでしょう。あなたは、会議の日、Sくんと母親が、鍵をかけカーテンを閉め切った家で、二人ですごしていたことを聞いて、とても胸が痛くなりました。そして、怒りとともに、やるせない気持ちに襲われました。「母親は仕事を辞めるのかなあ」と思うと、「私にはできることがあったのではないか。もっと勇気ある行動に出ることはできなかったのか」と自分を責めました。でもすでに退所の手続きがとられ、あなたにはどうすることもできませんでした。

リーダーはじめ三歳児クラスの保育士はみな、「かわいそうだけど、無理に退所させたわけじゃないし、これでよかった」と言いました。あなたは、「この人たちは、何も感じないのだろうか。本当にこれでよかったと思っているのだろうか」。保育士としての専門性だけでなく人間性までも疑いはじめました。

それでも、日々はすぎていきました。子どもたちの手前、笑顔を見せないといけません。でも、あなたの、何もできなかった情けない気持ち、三歳児クラスのほかの保育士や園長、法人本部への憤然とした気持ちは消えませんでした。あなたは、「こんな保育所辞めてしまおう」とも思いました。でも、主任がいることで思いとどまりました。

以上三つの事例をみてきました。組織やチームは、あなたもメンバーの一人として、一緒に仕事に取り組む集団です。

ケアマネジャーのあなたの事例の場合は、あなた自身の事業所組織の中で、直属の上司や管理者から影響を受けながらも、地域の複数の事業所に所属する専門職や家族と組織の外でチームをつくり、お年寄り本人の暮らしを支えようとしていました。

看護師のあなたの事例の場合は、同じ病院内ですが、医師、病棟看護師、相談室のソーシャルワーカーがチームとなって、退院支援という形で患者や家族を支えようとしていました。

保育士のあなたの事例の場合は、同じ保育士同士ですがクラス担任のチーム、園長、それに、保育所を経営する法人本部が組織のライン（指示命令系統）を通して、発達障害をもつ子どもや親を支えようとしていました。

結果として、いずれの事例の場合も、あなたはストレスを溜め込むことになりました。その過程で、組織やチームのメンバーとのいろいろな「違い」がぶつかり合うことになりました。その違いについて、次のように整理をしておくことにします。

専門性の違い

まず、専門性の違いです。

ケアマネジャーのあなたは、社会福祉士を取得するために勉強したことを基本にして、介護と相談の経験を積み、利用者を見ていました。上司は、看護師として長年培った専門的な目で利用者を見ていました。自ずとその見方には違いがありました。同じケアマネジャーでありながらもともとの専門性が違います。「ケアマネジャー」とは、社会福祉士、介護福祉士、精神保健福祉士、看護師、保健師、医師、薬剤師、理学療法士、作業療法士などが、一定の年数、業務に従事すると、試験を受けて取得することができる資格です。ですから、ケアプランセンターなど複数のケアマネジャーが勤務する事業所は、もともと専門性が違う専門職が集まっているということで、自ずと矛盾が生じていることになります。

また、あなたのチームでは、その一員である地域の事業所にも、ホームヘルパーや看護師など、あなたとは違う専門性をもった専門職が一緒に仕事をしていました。さらに、事例には登場していませんが、自宅で暮らすお年寄りや障害者などを支える場合には、医師、理学療法士、作業療法士、保健師、建築士、弁護士、司法書士なども、必要に応じて実に多くの専門職が一緒に仕事をすることがあります。

看護師のあなたは、そもそも医師を頂点とする医療職のライン（指示命令系統）上で仕事をしています。しかし、退院支援などの場合は、専門性の違うソーシャルワーカーと一緒に仕事をすることになります。ほとんどのソーシャルワーカーは、一般病院の場合「社会福祉士」、主な診療科が精神科の病院の場合「精神保健福祉士」を取得しています。また、場合によっては、患者の退院後の生活を組み立てるために、退院後に担当するケアマネジャーや地域の保健師などとも一緒に仕事をすることがあります。

専門性が違うということは、その専門職に就くために、今まで勉強してきたことが違うということです。ですから、当然、同じ物を見ても同じ人を見ても、見え方が違います。同じ問題を目の前にしてもとらえ方が違います。これは、頭でよく考えてみると当たり前のことなのです。ところが、一緒に仕事をしていると、その違いから、お互いに感情が衝突するのです。ケアマネジャーのあなたと同じようです。

私自身もこんな経験をしたことがありました。かつて身体障害者の施設で働いていたとき、利用者の入浴をめぐって、よく看護師と対立しました。その利用者は、体調を崩し、もう一週間以上もお風呂に入っていません。本人は、「入りたい」と言っています。お風呂がとても好きなのです。少し体調もよくなってきたことだし、私は、「この利用者さんの施設での暮らしを豊かにするためにも、お風呂に入れてあげたい」と看護師に相談しました。何往復かやりとりをしました。そして、看護師は、利用者の血圧を測って、「まだダメですよ。血圧が少し高いでしょ。清拭にしておいてください。もう少し落ち着いたら入りましょうね」。私を尻目に利用者を説得していました。私は、当時まだ「社会福祉士」資格をもっていませんでしたが、社会福祉の勉強をして生活指導員（当時の職名）をしていました。そのとき、私も看護師も、何往復かのやりとりの中で、お互いに腹を立てていました。しかし、よく考えてみると、どちらも間違ってはいないのです。どちらも、自分の専門性に従って、判断していたわけです。

こうした専門性の違いから、あなたは、あるいはお互いに、ストレスを感じることになるのです。

立場や役割の違い

次に、立場や役割の違いです。組織の中で仕事をする場合、必ず上下関係のある人たちが一緒に仕事をしています。上下関係のない人たちのチームであっても、そのメンバーには役割の違いがあります。いずれにしても組織やチームのメンバーには、必ず立場や役割の違いが存在するのです。

ケアマネジャーのあなたの事例の事務局長は、対人援助の専門職ではありませんでした。ですから、専門的なことで、上司やあなたを指導することはできるはずもありませんでした。ケアプランに関心をもっても、それについて上司やあなたにとやかく言うことはできなかったのです。また、「法人の累積赤字を解消する」という使命を背負い、この春、あなたの法人にやってきました。それが使命ですから、管理者として、立場上、あなたの上司に数字の話ばかりをせざるを得なかったのでしょう。

あなたの上司にも、その立場から、管理者や法人の意向をあなたに伝える責任がありました。ですから、あなたにとってはしんどい結果になりましたが、担当ケースを増やすことなどが行われました。

地域の事業所のヘルパーや訪問看護師、家族とのチームでは、お年寄り本人の暮らしを支えるために、あなたは調整役をしていました。それがケアマネジャーとしてのあなたの役割でした。ですから、チームの人たちはみな、あなたに対して、それぞれの立場や役割で感じたことを言ってきたのです。

看護師のあなたは、新人ですから、上司ではないものの教育係の先輩の指導には従う義務がありました。ですから、あなたは、少々理不尽だと思っても、面と向かって反発することなく耐えなければいけないといったしんどい役割もありました。

また、主治医は、担当患者の治療については、患者に対して責任を負い、ほかの医療スタッフに指示や命令をする責任を負っています。あなたの教育係の先輩は、一方的に医師にクレームをつけましたが、医師が役割をきちんと果たしていなかったことから生じたクレームです。ですから医師への指摘そのものは間違ってはいないのです。

ソーシャルワーカーは、その専門性から、「相談」や「調整」といった独自の役割を担っていました。そう考えると、退院支援に向けた患者や家族の相談、専門職間の調整はソーシャルワーカーの仕事だといえます。あなたの先輩など多くの病棟看護師が、「退院支援はソーシャルワーカーの仕事だ」と思っていても、ある意味では間違いではないのです。

保育士のあなたの事例のリーダーは、リーダーとして、主任や園長にクラスで生じている問題を伝える責任がありました。園長は、保育所の管理者ですし、法人本部との橋渡しの役割も担っていました。

園長も法人本部も、精一杯のことをしました。管理者や管理部門というのは、現場の人たちが働きやすいように、組織の仕組みを整える役割を担っています。現場からの訴えに素早く応えようとしたわけですから、決して間違ってはいなかったのです。むしろ、現場の人たちから感謝されてもいいぐらいです。

「専門性の違い」と「立場や役割の違い」について考えてきました。組織やチームのそれぞれのメンバーにとっては、間違っていないのに衝突が生じ、お互いのストレス、あるいは、あなたのストレスにつながりました。では、どうしてこのようなことが起こるのでしょうか。

一言でいうと、連携がうまくいっていないということになるでしょう。この頃、対人援助の分野では「連携」が強調されるようになってきました。でも、そんなに簡単にできるわけではありません。三つの事例で見てきたとおりです。自ずと違いがある中で連携するためには、成り行きに任せておいては、どうやらうまくいかないようです。組織やチームで対策を講じて、個々のメンバーが、あえて違いを認めて連携するために努力をする必要があるのです。

具体的にどのようにすればいいかについては、第四章以降で詳しく示していくことにします。

意識の違い

さて、今度は、専門性、立場や役割といった専門職レベルや組織レベルではなく、観点を変えて、個人レベルの違いについて考えていくことにします。

まずは、意識の違いです。この意識の違いというのは、専門性、立場や役割とは関係なく生じることがあります。同じ専門職で、同じ立場で同じ役割を担っているのに、「これは自分の仕事ではないのでしなくてもいい」「これは、自分の仕事だからしっかりしないといけない」といった違いが生じるのです。また、その仕事を「しなくてもいい」とか「しないといけない」という意識すらもっていない人がいるのも現実です。退院支援をめぐる看護師のあなたの事例に象徴されています。こうした違いによって、お互いストレスを感じることになるのです。

この意識の違いは、「意欲」の違いから生じていることもあります。意欲の違いは、退院支援のようにある特定の業務についてではなく、業務全般への意識に影響を及ぼします。あなたもちょっと想像してみてください。

あなたは、やる気満々で新しい部署に配属されました。ところが、その部署の多くの職員たちには、まったくやる気を感じません。「仕事は適当にこなして、定時になったら帰ったらいい」。大切な仕事でも、「明日できることなんだから、無理をして今日する必要はない」。いつでもそんな空気が漂っています。みな平気で遅刻をする。提出物が期限までに提出されない。仕事中に私語が多い……など、低い意欲は、業務全般によくない影響を及ぼしています。やる気満々のあなたがこうした部署に配属されたらいかがでしょう。ほかの職員に憤慨し、ストレスを溜め込むのではないでしょうか。やがては、あなたもやる気をなくしていくかもしれません。

その逆も考えられます。いろいろな事情があってまったくやる気をなくしてしまった人が、非常に意欲の高い職員が多い部署に配属されたらいかがでしょう。その人は思わず悲鳴を上げてしまいます。感化されて、やる気を高めていくこともあるでしょうが、「もうついていけない」と辞めてしまうこともあるかもしれません。後者の場合は、たいへんなストレスを感じます。

性格や価値観の違い

また、性格や価値観の違いも大きな個人差といえるでしょう。同じぐらいの年齢、同じ性別、同じ専門職、同じ立場、同じ役割でも、また、意識や意欲の程度もよく似ているといった場合でも、この違いはあるのです。なぜならば、人はみな、抱えている人生が違うからです。

子どもの頃に、両親がどのようなしつけをしてくれたのか、どのような友達と出会ってきたのか、どのような先生と出会ってきたのか、どのような地域で暮らしてきたのか、どのような集団に属してきたのか、どのような立場だったのか、どのような勉強をしてきたのか、どのような仕事をしてきたのか、そんなことによって、人はみな性格や価値観が違います。その違いが色メガネとなって、それぞれの人の目に覆いかぶさっています。ある人は青いメガネをかけています。ある人は赤いメガネをかけています。青いメガネの人が黄色い事実を見ると、青みがかった黄色に見える。赤いメガネの人が黄色い事実を見ると、赤みがかった黄色に見える。同じ黄色い事実を見ていても見え方が違うのです。

保育士のあなたの事例では、「Sくんへのしつけ」をめぐって、リーダーとの間に、保育観という価値観の違いがありました。同じ保育士であっても、このような違いが生じるのです。

その違いによって、衝突が起こります。そして、お互いのストレスにつながるのです。「あの人とは生理的に合わない」などとよく言います。「自分が今まで培ってきた性格や価値観では許せないことを相手は平気でやっている」。あまりにも違いが大きすぎると、それが非常に大きなストレスとなり、「生理的に合わない」と感じるところまでいってしまうのです。専門性、立場や役割の違いだけでは、そこまではいきません。場合によれば、この違いは、最も厄介なストレッサーなのかもしれません。

抜け出せないストレス

以上のような違いから生じるストレスが、複雑に絡まり合い、多くの人は、そこから抜け出す糸口を失ってしまうのです。では、どういったメカニズムで、人はストレスから抜け出すことができなくなるのでしょうか。

お互いに噛み合わない主張をする

組織やチームのメンバーに違いがあると、本章の冒頭で示したように、必ず「思うようにならない状況」が発生します。そして思うようにならない状況を何とか思うように変えていこうと自分の意見を主張します。なぜならば、人はみな、自分の物の見方や考え方が正しいと思う傾向にあるからです。すると、ますます相手も自分の思いを主張します。このような場合、お互いに「相手を認めよう」という気持ちはありません。自分の思いを相手にわからせようとして主張するのです。このやりとりが何往復も繰り返されることによって、お互いの感情が次第に高まり、強い主張、激しい主張へとエスカレートしていきます。結局、お互いに認め合うことができず、どこまで行っても噛み合わないのです。そしてお互いにストレスから抜け出すことができなくなるのです。

もし、そういった事態を避けるために、あなたが身を引いたらどうでしょうか。つまり、納得できないまま、相手の意向に沿うとしたらどうでしょうか。相手はそれで満足するかもしれませんが、あなたのストレスはまったく解消されません。結局、あなたは、ストレスから抜け出すことができなくなるのです。

自分を正当化する

「自分を正当化する」といった場合もあります。あなた自身の心の中で処理をするのですが、自分でストレスから抜け出すことができないようにしているパターンです。

イソップ童話の「酸っぱいブドウ」を知っている人は多いと思います。おなかを空かせたキツネがブドウに飛びついてとろうとします。ところが、高いところにブドウはなっていて、いくら飛びついても届かないのです。やがてキツネは、「あのブドウは酸っぱいのだ」と食べることをあきらめます。

同じようなことが、あなたにも起こっていませんでしょうか。「あのときはおなかが痛かったから仕方がない」「とても忙しい状況だったからできなかったんだ」。自分の思うようにならなかったことを正当化してしまうのです。

私が、かつて大学で教員をやっていたときのことです。ある学生は、一生懸命就職活動をし、何箇所も採用試験を受けるのですが、一箇所も内定をもらうことができません。「私の就職活動は間違っていない。こんなに内定がもらえないのは、世の中が不景気だからだ」。世の中は確かに不景気ですが、一人で何箇所もの会社から内定をもらってくる学生もいます。

自分を正当化することになれば、改善しようという努力をしなくなります。でも、「ブドウを食べたかった」「おなかが痛くてもうまくできたはずだ」「忙しくてもやるべきだった」「不景気でも就職したい」といった、本来の気持ちがどこかにあるとすれば、改善しようとしないこと自体がストレスの原因になるのです。ですから、いつまで経ってもストレスから抜け出すことができなくなるのです。また、こんなこともないでしょうか。「今日遅刻をしたのは、子どもがなかなか起きてくれなかったからだ」「上司に叱られたのは、同僚がつくった書類に不備があったからだ」などです。つまり、自分を正当化し、他人に責任を押しつけようとするのです。

これも、私が教員をしていたときの話です。私の担当科目を不合格になった学生が、事務を通してクレームをつけてきました。「ほとんど出席していたのに、何がそんなに悪かったのですか」。私は、平常点を大切にします。毎回、振り返り用紙を学生に書いてもらい理解度を確認していました。その学生は、学籍番号と名前は書いていますが、毎回ほとんど白紙に近い状態で、振り返り用紙を提出していました。授業の態度はいうと、隣の同じような態度の学生とよくしゃべっていました。注意をすると、教室から出て行き、振り返り用紙を配布するいいタイミングでもどってきます。その学生は、翌年再履修しました。卒業のための必修科目ですので履修せざるを得ないのです。その年も不合格でした。やはり平常点は〇点に近い状況でした。学生は怒って言いました。「先生は、私のことが嫌いなんでしょ」

その学生にしてみれば、必修科目を不合格にされたというのは、たいへんなストレスでしょう。でも、不合格を教員の責任にしている以上、永遠にストレスから抜け出せないのです。

第一章のおわりに

いろいろな違いのある人と一緒に仕事をすることを避けることはできません。対人援助の仕事は、必ず組織やチームで行われるからです。それは、「いろいろな違いがあるということを前提に考えなければならない」ということになります。

それぞれが、自分は正しいと思うわけですから、違いは、なかなかお互いに認め合いにくいものなのかもしれません。でも、一緒に仕事をしている以上、対立するよりも認め合うほうが楽なことは、誰もがわかることだと思います。

こうした組織やチームから生じるストレスは、放っておくと、あなたを燃え尽きに追い込んでしまいます。また、せっかく身についている、相手とかかわるあなた個人の専門性を破壊することにもつながります。前著で書いてきたとおりです。本章では、「あなたのストレス」に焦点を当てて示してきましたが、実は、今まで示してきたことは、あなたに限らず、組織やチームのメンバー全員に起こるのです。

ですから、認め合うことができ、違いがありながらも一緒に仕事ができるように、具体的な方策を見つける必要があるのです。また、最後に示したように、嚙み合わない主張や自分を正当化することによって、ストレスから抜け出せない状況に陥ることになります。そうしたことも、組織やチームのメンバーとの人間関係の中で解決することができる方策を見つける必要があるのです。

次章では、そのヒントをつかむことができるように、あなたを取り巻く組織やチームの人間関係をどのように理解したらいいのかについて考えていくことにします。

第二章

組織やチームの人間関係

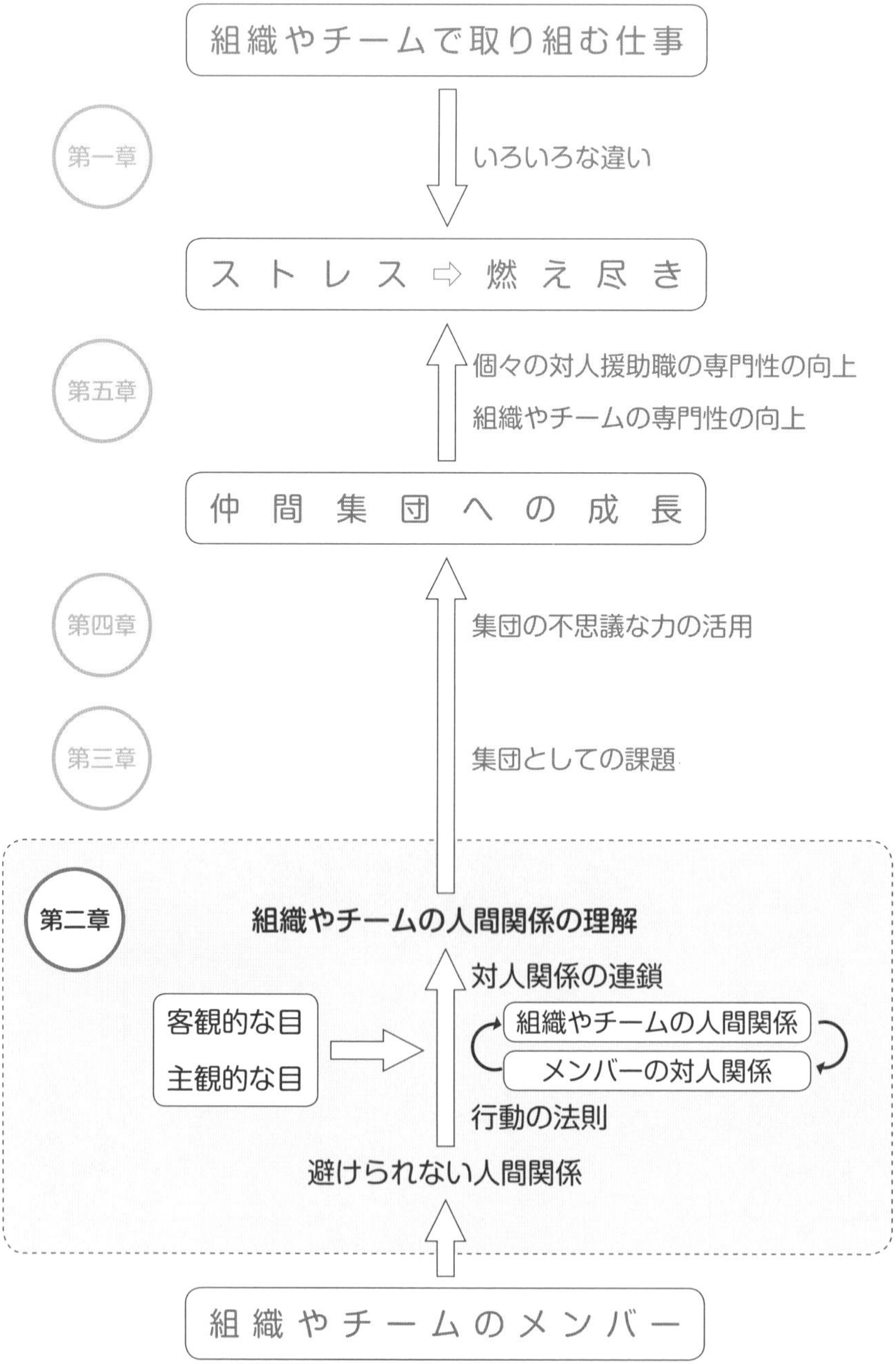
組織やチームで取り組む仕事
第一章
いろいろな違い
ストレス ⇨ 燃え尽き
第五章
個々の対人援助職の専門性の向上
組織やチームの専門性の向上
仲間集団への成長
第四章
集団の不思議な力の活用
第三章
集団としての課題
第二章
組織やチームの人間関係の理解
対人関係の連鎖
客観的な目
主観的な目
組織やチームの人間関係
メンバーの対人関係
行動の法則
避けられない人間関係
組織やチームのメンバー

人間関係を理解するということ

私たちは、「人間関係」という言葉をよく耳にしますし、よく使います。あまりにも日常的な言葉で、耳にしたり使ったりすること自体慣れっこになっていますが、実は、私たち人間にとって、非常に重要な意味をもつのです。ですから、組織やチームの人間関係を考えていく前に、「人間関係を理解するということ」そのものについて少し掘り下げてみることにします。

「ヒト」から「人間」へ

「ヒト」とは、「霊長目ヒト科の哺乳類。直立して足歩行し、動物の中で最も脳が発達する……」。これは、生き物としての「ヒト」の定義づけです。確かに、生物学や医学の専門書を見ると「ヒト」と書いてあります。でも、今、私が示そうとしているのは、そういった「ヒト」ではありません。

では、「人」ではいかがでしょうか。「人」という文字は、「二人の人が支え合っている姿」といったイメージをもっている方は多いと思います。あなたはいかがでしょうか。TVドラマでも金八先生がそのように説明していました。そのイメージからすれば、「人」には心が通い合っていることが想像できます。しかし、実は、このイメージは誤りで、漢和辞典を調べると、本当は、「人」という文字は、「一人の人が横向きに立っている姿を象形化したもの」でした。

言葉遊びのようになってしまいますが、今、私がお伝えしたいのは、「ヒト」でもなく「人」でもなく、「人間」という文字がもつ意味なのです。「人間」という文字に含まれる「間」が意味していることは大きいのではないかと思います。「人間」という文字は、人が社会や集団の中で生きているという現実を訴えかけているような気がします。

日頃からかかわっている相手を「ヒト」と見るか「人間」と見るかでは大きな違いがあるのではないでしょうか。あなたも仕事でかかわっている人たちを思い浮かべてください。利用者や患者、生徒、その家族、あるいは、上司、同僚、部下、他の専門職の人たちがいます。自信をもって、「私は相手を『人間』として見ています」「『ヒト』としてなど扱ったことはありません」となかなか言い切れないのではないでしょうか。「ヒト」ならまだましです。あまりにも忙しくて、「ヒト」どころか、相手を「モノ」として扱っていることはないでしょうか。

一人ひとりの人は、みな「人間」であって、さまざまな人と人との間で暮らしています。あなたが仕事をしている組織やチームだけではありません。家族や友人といった集団、ほかにも所属している集団があるでしょう。大切なことは、人は、いくつもの人間関係を背負って生きているということなのです。ですから、人を理解するためには、集団やその中で生じる人間関係を理解する必要があるのです。

避けられない人間関係

人は、生まれてから死ぬまで何らかの集団の中で暮らしています。まず、生まれたばかりの赤ん坊は家族という集団の中にいます。たとえ、慈恵病院（熊本）の「こうのとりのゆりかご（通称、赤ちゃんポスト）」に入れられた赤ん坊であっても、病院の集団、やがては、乳児院の集団の中で暮らすことになります。

赤ん坊は大きくなると、通常、家族集団を維持しながらも、地域の何らかの集団、保育所、幼稚園、小学校、中学校、高校、大学、そのほかにも、習いごとの集団、アルバイト先の集団など、数多くの集団の中で暮らします。やがて就職すると、会社などの集団もプラスされていきます。

定年退職を迎えることになっても、家族や地域の集団の中で暮らすし、病気で入院しても病院の集団の中で暮らすことになります。

このように、人と集団は、切っても切れない関係にあるのです。言い換えると、たとえそれを望んでも、「人は一人では生きていけない」ということになるのかもしれません。「ゆりかごから墓場まで」。あなたも、この言葉を今までに一度や二度は聞いたことがあるでしょう。これは、第二次世界大戦後、イギリス労働党が掲げた政治目標で、そもそも社会保障の充実を目指すキャッチフレーズでした。考えてみれば、私たちは、自分の力でゆりかごにも墓場にも入ることができません。生まれるときも死ぬときも誰かの世話になるのです。もちろん、生まれてから死ぬまでの間も、常に誰かとかかわりながら生きています。常に、今あげたさまざまな集団の中にいるからです。

「私は何のために生きているのだろう」。誰もが一度は抱く疑問です。特に青年期には、こうした疑問に対する答えが見つからず、大いに悩むものです。「生きていても意味がない」と判断し、自殺に走る若者が多かった。「多かった」と書きましたが、実はこれは戦前の話なのです。戦前の日本では、青年期の自殺が多いことが文化的な特徴ともいえるものでした。昨今は、中高年の自殺が非常に増えてきています。その代わりといってもいいように、犯罪の低年齢化が進んできました。決して、若者が悩まなくなったのではないということです。若者たちのマイナスのエネルギーの向かう方向が、内側（自殺）から外側（犯罪）へと変わってしまったのかもしれません。

いずれにしても、「集団の中で生きづらい」「他者と上手にかかわれない」人たちが実に多いということなのです。こうした気持ちは、ほとんどの場合、人間関係から生じます。望む望まないにかかわらず、意識無意識にかかわらず、周囲に他者がいる中で暮らさざるを得ない人間にとって、「人間関係」を避けることはできません。ですから、人が気持ちよく暮らすためには、また、豊かに暮らすためには、人間関係を理解する必要があるのです。人間関係を理解するということは、人間にとって「生きること」そのものなのかもしれません。

人間関係から生まれる行動の法則

「法則」というとずいぶん難しそうな言葉ですが、私たちは日頃からよく使っています。「ニュートンの法則」「オームの法則」などは、その中身をうまく説明できないまでも、誰もが聞いたことのある法則だと思います。法則とは、『広辞苑（第六版）』によると、「いつでも、またどこででも、一定の条件の下に成立するところの普遍的・必然的関係。また、それを言い表したもの」ということです。

実は、人間の行動にも法則があるのです。それは、集団の中での人間関係から生まれます。あなたも日常生活を振り返ると思い当たるところがあるのではないでしょうか。次のようなおもしろい例がありますのでご紹介しておきます。

着席の法則

ある講演会にあなたは早めにやってきました。席がたくさん空いていました。あなたはどこに座るでしょうか。まさか一列目の真ん中には座らないでしょう。おそらく、一列目の真ん中からは距離を置いた席に座るのではないでしょうか。また、人に挟まれるよりも通路側のほうが心地よく感じます。「前のほうだと質問されるかもしれない」「おもしろくなくても逃げられない」。理由はさまざまでしょうが、あえて理由を聞かれても困るという人もいるでしょう。いずれにしても、一列目の真ん中だけは避けたい気持ちになってしまいます。一列目の真ん中に座ると「あの人は変わっている」と言われるかもしれません。ですから、本当は座りたくても、少し離れた場所に座ることになるのです。こうした行動の原則はかなり普遍的なものなのです。

着替えの法則

あなたは三日間の研修に参加することになりました。初日の研修を終えて帰宅し、二日目の朝を迎えました。さて、あなたは前の日と同じ服を着るでしょうか。ほとんどの場合は、前の日とは違う服を着るはずです。特に女性の場合、その確率は一〇〇%に達するのではないでしょうか。さらに、三日目も違う服を着るのではないでしょうか。これも理由はさまざまですが、あえて理由を聞かれても困るかもしれません。理由はともかく、ほとんどの人は違う服を着るのです。「三日間は違った服で参加しなければいけない」といった決まりがあるわけではありません。しかし、こうした行動の原則が存在し、多くの人が同じ行動をとるのです。

みやげの法則

あなたの家に客がやってきました。そんなに親密な関係ではありませんが、数日前に「相談に乗ってほしい」と頼まれていました。客は、右手に袋をもっていました。その中には、きれいな包装紙に包まれた箱が入っているのが見えます。あなたは「おみやげだ」と思いました。ところが、客を部屋に招き入れ、話がはじまっても袋はソファーの横に置かれたままです。あなたは、どのような行動をとるでしょうか。その袋にはいっさい目もくれず、客との話を続けるのではないでしょうか。決して袋のことを忘れたわけではありません。むしろ、「おみやげの中身は何だろう」、気になって仕方がないはずです。袋が気になり、話に集中できないかもしれません。ようやく客が帰る時間になりました。客はおもむろに袋を取り上げ、「今日はありがとうございました。お口に合うかどうかわかりませんが……」。袋を差し出されたあなたは、そのときはじめて袋があることに気づいたような顔をします。ここでは、できるだけ驚いた雰囲気を出すことが求められます。「えっ、とんでもない。私はお話を聴いただけですから……」。その後、二人の間で袋を押したり引いたりが行われます。最終的に、袋はあなたのところに落ち着くことになります。そして、「どうもすみません」と、ほとんどの場合、おみやげをもらったほうがお詫びを言うことになります。あなたは、袋を見つけたとたんに「みやげだ」と確信していました。相手もあなたが気づいていることに気づいていたはずです。それにもかかわらず、多くの人がこうした行動をとるのです。

ところで、客が仲良しの友人であればどうでしょう。袋を見つけたとたんあなたは、「それ、おみやげ？　珍しいこともあるもんだ。さっさと出しなよ」。これが自然です。つまり、多くの人は、相手によって行動を変えるのです。

〔出典〕吉田道雄著『人間理解のグループ・ダイナミックス』ナカニシヤ出版、二〇〇一年、一四〜一七頁より要約。

「着席の法則」と「着替えの法則」は、大勢の集団、あるいは、人数には関係ないいわゆる「集団」の中での人間行動の法則です。「みやげの法則」は、一対一の対人関係場面でも起こる法則です。

この三つの例は、いずれも人間同士がかかわる中、つまり人間関係の中で起こる行動の法則なのです。あまりにも日常的すぎるので、日頃は、意識しないことかもしれません。でも、人間関係を理解する上で、これほどわかりやすい例もないのです。集団のメンバーには、目に見えない何らかの相互作用が起こっています。その相互作用の結果、こうした法則が生まれるのです。この法則は、集団の中でのメンバーの行動を方向づけます。あなたには、ほかにどのような法則が思い浮かんだでしょうか。

無意識とはいえ、こうした法則に従うほうが、よい人間関係を築けるかもしれません。ところが逆に、人間関係をよいものにし、集団の力を高めるためには、課題になることもあるのです。そのことについては、第三章で詳しく示すことにします。

人間関係をよくする対人関係

「人間関係」も「対人関係」も両方ともよく使う言葉です。でも「違いは?」と聞かれると、なかなかうまく説明できないものです。ですから、少し整理しておきたいと思います。その上で、組織やチームの人間関係をよくする対人関係について考えることにします。

「人間関係」と「対人関係」

どちらも人と人との関係のことを指しています。「人間関係」とは、「human relations」の邦訳で、第二次世界大戦後、アメリカから経営学や産業関係学の専門用語として輸入されました。ジャーナリズムの世界でブームになってから、邦訳としての「人間関係」は、日常語として定着しました。そもそも「human relations」とは、産業分野における人事管理の方法だったのです。ここでは、「生産性を高める」といった目的のための手段としての人間関係、つまり、よくしたり、悪くしたり、つくったり、つくりかえたり、壊したりする「対象」としての人間関係だといえます。そもそもこうした意味をもつのですが、本書では、「誰にでも当てはまる、どこにでもある、特に誰といった特定の人ではなく、匿名の人同士にみられる関係」としておきます。

一方、「対人関係」とは、対人援助の臨床分野から生まれた「interpersonal relationship」の邦訳です。「固有の人格と名前をもった人同士の関係」だといえます。「interpersonal」とは、決して一般化できない「固有の人格と人格の間」を意味しています。つまり、対人関係とは、今ここでの（実際に目の前にいるかどうかはともかく）特定の人との関係で、ほかには存在しません。

このように、人間関係と対人関係は、まったく性質の違う言葉なのです。両方の言葉を考え合わせると、「組織やチームの人間関係をよくするためには、一人ひとり固有のメンバー同士のよい対人関係が必要だ」ということになります。

「業務のための専門性」と「対人関係のための専門性」

次に、二つの専門性を整理しておくことにします。二つの専門性を、仮に「業務のための専門性」

と「対人関係のための専門性」としておきます。前著の『対人援助職の燃え尽きを防ぐ——個人・組織の専門性を高めるために』を併せて読んでいただけるとわかりやすいと思います。

たとえば、二人の介護職がいるとします。仮に、西村さんと足立さんという名前にしましょう。二人とも女性です。同じ「介護福祉士」という国家資格をもっていますし、年齢も経験年数も同じくらいです。

西村さんの介護は、非常に丁寧で手際がよいという定評があり、他の職員は一目を置いています。車椅子からベッドや便器への乗り移り、着替え、清拭、入浴、食事など、お年寄りたちも「彼女なら安心して任せられる」と評価しています。また、お年寄りがなるべくナースコールを押して職員を呼ばなくてもいいように、ベッドサイドに必要なものや次の日の着替えを用意しておくなどの配慮も完璧です。

これだけ優れた介護技術をもっているなら、お年寄りには評判がいいのだろうと思うのですが、どうやらそうではなさそうです。

あるお年寄りが言いました。「昨夜、消灯のあと廊下で『あのー、さっき息子が……』と西村さんに話しかけると、西村さんは、『息子さんは、さっき帰られましたよ。もう消灯したから早く寝てくださいね』と言って、そのまま私の横を足早に通りすぎていきました」

そのお年寄りは、息子さんが面会に来て、「この頃体調が悪くて、しばらく会社を休もうと思う」と言っていたので、とても心配していたのです。消灯の時間なので、いったんベッドに入ったのですが、心配で心配でどうしていいのかわからず、気がつけば車椅子で廊下に出ていたそうです。

どうやら西村さんには、お年寄りを遠ざけるようなところがあるようです。「とても忙しいのよ。話しかけないで」という空気を出しています。ほかのお年寄りからも「西村さんには物を頼みにくい」「声をかけにくい」「愛想が悪い」などの声が聞こえてきます。

他の職員も、西村さんの介護技術には一目置いているものの、彼女が醸《かも》しだす空気や態度から「相談しにくい」「彼女は一人で仕事をしているみたい」「仕事はよくできるので文句が言えない」などとこぼしています。

一方、足立さんは、「これでよく国家試験に合格したなあ」と思えるくらいに介護技術は未熟なのです。今までお年寄りに大きな怪我をさせたことはないものの、乗り移り動作では、危なっかしい場面がよく見られます。食事介助をしていてもよくこぼしてしまいます。清拭をしていても、お年寄りから「ちょっと強すぎる。痛い痛い……」と叫ばれてしまいます。

ところが、足立さんの評判はきわめていいのです。「足立さんは、とても明るく愛想がいい」「心配ごとがあれば、顔を見て、真っ先に『どうされたのですか?』と声をかけてくれる」「彼女に話を聴いてもらうと、とても気持ちがすっきりする」「彼女がフロアにいると、それだけで安心する」。お年寄りは口々にそう言います。「介護が下手で、ときどき痛い思いもするけれども、西村さんより足立さんのほうがいい」。あるお年寄りは苦笑いしながらもそう言います。

「足立さんが未熟なところは私たちが補ったらいい」「彼女は、私を否定せずに愚痴を聴いてくれる」「しんどいときでも、彼女がいてくれたら明るく元気に仕事ができる」など、他の職員の評判も上々です。

極端な例をあげましたが、あなたは、どのように感じましたか。西村さんは、「業務のための専門性」が優れていました。足立さんは、「対人関係のための専門性」が優れていました。さて、どちらがいいのでしょうか。

言うまでもありません。対人援助の専門職には、どちらの専門性も必要なのです。どちらが欠けていてもダメなのです。とはいうものの、対人援助職は、生身の人を援助する専門職ですから、「対人関係のための専門性」が最も重要であることには間違いありません。

「業務のための専門性」は、国家試験でもチェックされ、職場でも教育が行われているところは多いと思います。ところが、「対人関係のための専門性」はどうでしょうか。現実問題として、体系的に教育を行っている職場は少ないのではないでしょうか。

対人関係の連鎖

では、「対人関係の専門性」を高めるためには何が必要なのでしょうか。どんな仕事もそうかもしれませんが、特に対人援助の場合は、組織やチームの人間関係が、あなたと利用者や患者、生徒との対人関係（これを「援助関係」といいます）に大きな影響を及ぼします。ですから、援助関係をよいものにするためには、自ずと組織やチームの人間関係をよいものにする必要があるのです。そして、そのためには、メンバー間の対人関係の質が問われてきます。

五〇年ほど前から研究されているのですが、実は次のような現象が起こっています。「援助関係と、援助者と上司との関係には、同時に同じような困難が現れる」というものです。つまり、一方の関係で生じた感情は、もう一方の関係でも生じる。二つの関係は連鎖しているということなのです。このような現象を「パラレルプロセス」と呼んでいます。研究の出発点は「援助者と上司との関係」でしたが、これを「組織やチームのメンバー同士の関係」と置き換えることもできます。

具体的に示すと、たとえば次のような連鎖です。あなたが、上司などの組織やチームのメンバーにほめられたいと思ってふるまうときに、そのふるまいは、無意識のうちに、あなたにほめられたい利用者などのふるまいを真似ているということです。また、利用者があなたに対してまだ言語化していない、たとえば「もっと私の話を聴いてほしい」という感情を、あなたが他のメンバーに対して無意識のうちに表現しているということです。

今の例は、援助関係から組織やチームのメンバー関係への連鎖の流れでしたが、逆のパターンもあります。つまり、他のメンバーに突き放されたあなたの葛藤を、そのまま利用者に向けてしまい、利用者を混乱させてしまう。その結果、援助関係を悪化させてしまう。第一章でみてきたケアマネジャーのあなたが、上司やチームのメンバーから、納得できない批判を浴びせられ、その関係にストレスを感じることによって、あなたの眼中から利用者が消えてしまったことに象徴されます。

これは悪い連鎖ですが、よい連鎖も生じます。お互いに認め合い受け容れ合い、居心地のよい組織やチームの中で仕事をするあなたは、無意識のうちに利用者を認め受け容れることができるようになるのです。これらは、組織やチームのメンバー関係から援助関係への流れで生じる連鎖なのです。

今示してきたのは、組織やチームのメンバーとの関係と援助関係に同時に起こる「ヨコの連鎖」といえます。実はもう一つ、世代を超えて起こる「タテの連鎖」という現象も現実的に起こっているのです。「上司や先輩に育てられたように部下や後輩を育てる」というものです。ケアマネジャーのあなたの上司や、看護師のあなたの先輩が、自分自身かつての上司や先輩に指導されたようにあなたを指導していたのと同じです。

こうしたことから次のようなことが起こります。たとえば、「かつて、上司に突き放されて育ったように部下を突き放す」「かつて、先輩に支えられなかったように後輩を支えない」といった連鎖です。もちろん、よい連鎖も起こります。「かつて、上司に受け容れられたように部下を受け容れる」「かつて、先輩に支えてもらったように後輩を支える」ということです。

こうしたタテの連鎖は、子育てにもよく似ています。あなたに子どもがいるなら思い浮かべてください。子どもをほめたり叱ったりしていると、ふと気づくときがありませんか。「このほめ方は、私が子どもの頃、母親にほめてもらったほめ方だ」「この叱り方は、父親が私を叱った叱り方だ」などです。子どもの育て方のモデルになるのは、自分の育てられ方だということは、よくいわれていることです。

いずれにしても、よくも悪くもこうした「対人関係の連鎖」という現象が現実的に起こっているのです。無意識のうちに起こるので怖いものです。こうした現象が起こっているということを考えると、自ずと組織やチームのメンバー同士の対人関係の質が問われてきます。対人援助の組織やチームでは、あなたをはじめそれぞれの援助者が、利用者などとのよりよい援助関係をつくることが求められます。よい援助関係は、対人援助の前提になるからです。そのことを考えると、他の業界以上に、組織やチームの人間関係、あるいは、メンバー間の対人関係が重要になるのです。

こうした連鎖が起こっていることを理解し、「よい連鎖を起こすためにはどうすればいいのだろうか」を考えることが大切なのです。

人間関係を理解する目

では、組織やチームの人間関係をどのように理解していけばいいのでしょうか。

第一章で、さまざまな違いによるストレスを考えてきました。それぞれ自分の専門性、立場や役割、また、意識、性格や価値観などに基づいて仕事をしています。これらを、ここではひとくくりにして「主観」と呼ぶことにします。

主観的な目

それぞれの援助者は、それぞれ違う主観に基づいた目で物を見ています。主観はみな違うので、当然、物の見方が違ってきます。ときと場合によっては、見たい物だけを見てしまっていることもあるでしょう。見たくないからこそ見えてしまうこともあるでしょう。ですから、同じ物を見ていても人によって見え方が違うのです。つまり、自分に見えているとおりに他の人にも見えているとは限らないのです。多くの人が経験しているように、そのズレが原因で組織やチームの人間関係がこじれることがとても多いのです。

主観は、専門性や立場の違い、性格や価値観の違い、温度の違いだけではなく、そのときの精神状態によって、また、そのとき自分は何を求めているのかによっても違うかもしれません。こうした事実を心に留めておかなければならないのです。

「主観的な目」とは、今示してきたような自分の主観で物を見る目のことです。多くの場合、経験に基づき、感情を伴っています。主観的な目で物を見ていると、「何てことをするんだ」「私には信じられない」「それは許せない」などと感じてしまいます。あなたの周囲は、間違っていることだらけ、許し難いことだらけになりかねないのです。それではあまりにもしんどすぎます。第一章の三つのあなたの事例で見てきたとおりです。

とはいっても、主観的な目が大切な時もあります。「患者さんの悲しみに寄り添い一緒に涙を流す」「美しい景色を見て感動する」「音楽を聴いて心が和む」などは主観的なものです。この「目」がなければ豊かな人生を送ることはできないでしょう。また、豊かな対人関係や人間関係を築くこともできないでしょう。

客観的な目

主観的な目には、プラスとマイナスがあることがわかりました。でも、主観的な目だけでは、人間関係を理解することは困難なのです。ひたすら怒ったり、感動しているだけでは、自分自身や他の職員、あるいは他の職員との対人関係、組織やチームの人間関係を理解することはできません。物事を客観的な立場から、事実に基づいて冷静に判断する力も必要となってくるのです。これを「客観的な目」と呼ぶことにします。

客観的な目で、事実を冷静に受け止めることによって、自分には都合の悪いことがあるかもしれません。主観では、「間違っている」と思ったり、「許せない」と思うからです。ここで大切なことは、自分とは違う相手の主観を理解するということなのです。前著で再三示してきましたが、「自分と相手とは違って当たり前」、これを忘れないということです。相手の主観のメカニズム、すなわち、「どうして私が間違っていると思うことをするのだろうか」「どうして私が許せないことを言うのだろうか」ということを理解しようとする。そうすると、「なるほど」と今まで見えなかったことが見えてくることがあります。また、今まで思いもしなかった自分の考え方や行動、物の見方の特徴も見えてくることがあります。他者に与えていた影響も見えてくるかもしれません。この気づきが、人間関係をよくするために、自分の行動を変化させることにつながるのです。つまり、人間関係の理解には客観的な目が必要になのです。では、どのようにすれば、客観的な目で状況を見ることができるのでしょうか。

あなたを取り巻く組織やチームの状況

実は、いろいろな角度から状況を眺めると、客観的な目に次第に近づくことができるのです。第一章でみてきた「違い」を念頭に置きながら、それぞれの事例のあなたを取り巻く組織やチームの状況をいろいろな角度から整理しておくことにします。

少し冷静になって、読んでみてください。また、それぞれの登場人物の立場になって気持ちや状況を考えてみてください。

事例❶の整理

ケアマネジャーのあなた

あなたの上司は、看護師として長く病院で勤務をしていました。若い頃は師長や医師からよく叱られたものでした。「そんなに患者の言いなりになってどうするの。『いけないことはいけない』と厳しく対応しないと。それじゃ治るものも治らないじゃないの」。自分の対応がまずくて亡くなった患者もいました。実際そうではなかったのかもしれませんが、上司はそう思い込んでいました。上司にとって「患者本位」とは、医師などの専門職が客観的に見て、最もよいと思われる治療方法を、納得できるように患者に説明することでした。もう三〇年ほども前の話になりますが、はじめて就職した病院でのそうした教育は、あなたの上司にとっての常識になりました。

上司にとって、あなたの当事者への対応は、まどろっこしくて見ていられませんでした。話を聴くことに時間をかけすぎると、感情移入してしまうことも、経験上知っていました。ですから再三あなたに注意をしました。

実は、あなたの上司も組織の一員として悩んでいました。新しくやってきた事務局長は、まったく現場を知りません。「法人の累積赤字を少しでも減らすように」ということが、事務局長に与えられた使命でした。上司も、数字の話しかしない事務局長の話にはうんざりしていました。上司が、あなたに数字の話をしなかったのは、自分自身が感じているうんざりする感覚を、あなたには味わわせたくなかったからです。これは上司の配慮だったのです。でも、何らかの形で、事務局長、あるいは、その向こうにいる法人経営者の意向を伝えないといけません。それが、結果的にあなたへの強い口調となって表現されたのでした。

さて、あなたが働いている地域には、訪問介護（ヘルパー）事業所、訪問看護ステーション、デイサービスセンターなど、いろいろな事業所があります。管理者を筆頭にうまく機能している事業所もあれば、そうではない事業所もあります。また、それぞれ抱えている事情も違うので、どの事業所とチームを組んでもうまくいくわけではありませんでした。さらに、それぞれの事業所の管理者とはうまくいっても、そこに所属する一人ひとりのスタッフとうまくいかないこともありました。

あなたが調整役を務めるチームで一緒に仕事をしていた地域のヘルパーや訪問看護師は、あなたが目標として掲げた内容に近づこうとしない家族に憤りを感じていました。訪問すると、家族はその言いわけを長々と話すのですが、ヘルパーも訪問看護師も、忙しくて聴いている時間がありませんでした。つい事務的な接し方になりました。事務的な対応に反発した家族を見て、よけいに「ケアプランの変更をしたほうがいいのではないか」と思い、あなたに伝えようとしていたのです。

また、あなたに批判を浴びせた事業所は、いずれも最近あなたの地域に進出してきた小規模な新しい事業所でした。あなたが所属する事業所の母体となる法人は規模が大きく、二〇年以上も前から、現在の地域で特別養護老人ホームを経営していました。新参者にとっては、少々「目の上のたんこぶ」的な存在だったようです。そんな組織間の事情も影響していたようです。ヘルパーや訪問看護師に事務的な対応をされた家族は、その怒りをあなたにぶつけました。あなたはケアマネジャーで調整役だと知っていたからです。いつもあなたは、たっぷり時間をとって話を聴いてくれるので、話しやすかったこともあるのかもしれません。

事例❷の整理

看護師のあなた

制度上、病院は、患者を長く入院させると診療報酬が少なくなるので、経営のためには、早期に退院させなければならないという事情を抱えています。あなたの病院も例外ではありませんでした。

主治医は、「退院時期を延ばしてほしい」という、Mさんや家族の要求を理不尽なものだと感じていました。障害は残るものの、もうすでに病院での治療は終わっています。あとは、二週間に一度外来の診察に通ったらいいところまで治療は進んでいました。主治医は、障害は残るので、それに合わせて自宅の改造や家具の配置、それに介護の体制を整えるように早くから説明していました。介護の体制といっても、Mさんの障害は軽度で、朝晩のちょっとした介護で大丈夫でした。主治医にとって、「来週月曜日の退院」は、突然のことではありませんでした。

ところが、Mさんや妻には、退院の時期を延ばさないといけない理由がありました。息子の大学受験と娘の高校受験を同時に控えていたのです。子どもの受験にはたいへん神経を使っていたMさん夫婦にとっては、大きな理由だったのですが、主治医にとっては大した理由ではありませんでした。

どうやら、気持ちのズレがあったようです。でも、そのズレを調整する患者本人、妻、医師、病棟看護師、ソーシャルワーカーの連携がありませんでした。

さて、あなたの教育係の先輩が新人だった頃、その教育係の看護師は、やはり非常に厳しい人でした。また、看護師の業務についての考え方も、あなたの先輩が言う「看護師本来の業務」をまっとうしようとするプロ意識をもっていました。先輩は、その熱い思いにほだされていきました。医師に堂々と物を言う態度も、先輩にとっては尊敬に値するものでした。

先輩は、今のあなたのように、胃を痛くしながらも、耐えて指導を受けました。教育係のような立派な看護師になりたかったからです。先輩は看護師になって三年目、はじめて後輩の教育係をすることになりました。その後輩があなたです。先輩は、やる気満々でした。

ソーシャルワーカーは、あなたの病棟を客観的に見ていました。医師によって、診療科によって、病気によって、患者の気持ちによって、また、患者の家族状況によって、退院支援の進め方は実にさまざまです。マニュアルをつくることはできません。そこでは、患者や家族も含むチームの連携が大切になるのですが、その連携のしやすさは、病棟によってずいぶん違いました。

ソーシャルワーカーにとっては、あなたの病棟は、連携しにくい病棟の一つでした。その理由として、ソーシャルワーカーは、病棟師長を中心としたまとまりに欠けること、退院支援についての考え方が、看護師によってまったく違うこと、というよりむしろ、退院支援については何も考えていないのではないかと思われる看護師が多いことなどが原因だと考えていました。そのようにソーシャルワーカーが考えているということが、あなたの病棟にも何となく伝わっていました。でも、あなたの病棟の一人ひとりの看護師にしてみれば、医師からの細かい「患者の治療」の指示と日常の決まった仕事が多くて、ゆとりがないのも現実でした。双方の考えや状況が交差し、目に見えない冷たい空気が、あなたの病棟と相談室との間に漂っていました。

同期の看護師が来月いっぱいで辞めるということを、あなたは知りませんでした。勤務は三交代の上に複雑な何種類かの早出、遅出勤務がありました。同じ病棟ですので、勤務中に顔を合わせることはあるのですが、休憩時間がズレていて、話す時間がありませんでした。個人的なつきあいもありませんでした。それだけ、コミュニケーションがとりにくい職場だったのです。

事例❸の整理

保育士のあなた

リーダーは、もともとしつけには厳しい人でした。それは、厳格な家庭で育ったことによるものでした。今までも、リーダーが担任をするクラスの子どもたちは、たいへん行儀がよく、誰もが保育の仕方に一目を置いていました。そうした経験から、Sくんにも根気よく教えるとよくなるという確信をもっていました。

また、リーダーとして、三歳児クラス全体を見る責任がありました。Sくんの注意散漫な行動によって、ほかの子どもたちも落ち着きがなくなっていましたし、あなたに応援に来てもらうことも、あなたのクラスにとってはよくないと考えていました。ですから、Sくんには、特別に保育士を一名つけ、行儀よくできるようにしつける必要を感じていました。

後輩は、まだ短大を卒業して二年目の未熟な保育士でした。でも、リーダーが全体を見なければいけないので、自分がSくんを何とかしなければいけないと思っていました。リーダーに教えられるように、一生懸命かかわりました。でも、一生懸命やればやるほど、Sくんの行動はエスカレートしていきました。後輩自身、精神的にかなりしんどかったようです。しんどさのあまり、リーダーへの訴えは、突き上げるような口調になってしまいました。そのたび、後輩も反省していたのです。でも、それは、リーダーには伝わっていませんでした。

リーダーは、Sくんの行動がエスカレートすること、クラスがうまくいかないこと、後輩からの突き上げがあることで、次第にイライラするようになりました。リーダーが、「じゃあ、どうしろって言うのよ」と強い口調で言ったのは、イライラのピークのときでした。あなたが、「ああいう言い方は、まずかったのではないでしょうか……」と、小さな声でこっそり言いましたが、先輩にとっては非難されていると感じました。

その日、先輩は、たいへんな剣幕で園長に訴えに行きました。上司である主任が長期にわたる出張で不在でしたので、直接園長への訴えになりました。園長は、「まだ、新年度がはじまって二週間だから、もう少し様子を見るように」と言いましたが、リーダーは納得できませんでした。「Sくんに退所してもらうことはできないのですか」と訴えました。さすがに園長は、リーダーを叱りました。リーダーも謝りました。翌日、園長は、出張中の主任に電話で説明した上、会議の前に、保健センターと法人本部に相談に出かけました。

主任は、あとで、「園長を引き留めて、私が、クラス担任とSくんの母親の話を聴いたらよかった」とそのときのことを振り返っていました。そのときには、こんなに切迫しているとは思わなかったそうです。

発達障害をもつ子どもへの対応は、保育所によってさまざまです。近頃は、きっちり診断名がつけば、保育士を一名多く配置する保育所も増えてきました。ところが、グレーゾーンにいる子ども、また、Sくんのように親が診断に踏み切れない場合などは、何の対応もない保育所も多いようです。

あなたの保育所を経営する法人は、理事長の権限でできる最大限の配慮をしました。非常に素早い対応でした。「発達障害の子どもを受け容れ、配慮をしている」ということを世間にアピールするいい機会でもありました。ただし、そのためには、発達障害の診断書が必要でした。診断書もない状況でそのような前例をつくると、とめどなく対応が広がる可能性があったからです。組織としては賢明な対応でした。

結局Sくんは退所しましたが、それを決めたのはSくんの両親でした。決して園長がそのように仕向けたわけではありませんでした。


あなたがストレスを抱え込むことになった組織やチームの、それぞれのメンバーの気持ちや状況をいろいろな角度から整理してみました。客観的な目に近づくと、それぞれの登場人物の複雑な事情が交差しているのが見えてきます。

少し冷静になって読んでもらえましたでしょうか。あなたにストレスを感じさせた人物の立場になって気持ちや状況を考えることはできたでしょうか。「なるほど」と思いませんでしたか。一〇〇％「なるほど」ではないにしても、「そういうことだったのか」「それなら仕方ないか」と思えるところもあったのではないでしょうか。それぞれの事情が、うまく嚙み合っていないのです。これでは、組織やチーム全体として、前を向いてうまく進んでいきません。

あなたにストレスを感じさせる組織やチームの、それぞれの登場人物の気持ちや状況を、こうしていろいろな角度から整理するだけでも、解決に向かうための「何か」が見えてくるのです。

実は、組織やチームの人たちは「同じ方向を向いていない」のです。もちろん、何らかの目的があって、組織やチームはつくられます。メンバーは、目的を共有できているはずなのですが、日常的に一緒に仕事をしていると、第一章でみてきたようないろいろな違いから、違う方向を向くようになるのです。そして、目的を達成する方法や考え方にズレが生じてきます。そのズレからそれぞれのメンバーに「思うようにならない状況」が生じ、個々のメンバーの対人関係がうまくいかなくなるのです。なぜ、どのようにズレてきたのかを確認しないと、いつまで経ってもそのズレは解消できません。そして、人間関係がこじれていきます。人間関係のこじれは、ストレスをさらに大きくしていくことになるのです。

第二章のおわりに

プライベートでも仕事でも、今まで人間関係でずいぶんつらい思いをしてきた人は多いのではないでしょうか。本章でみてきたように、人間関係は、私たち「人」が「人間」として生きていく上で、避けて通れないものなのです。本書の読者は、対人援助職の方が大半だと思いますが、多かれ少なかれ、組織やチームの人間関係のこじれで、悩んだ経験をもっていると思います。

でも、避けて通ることができないのであれば、向き合うしかありません。いろいろな角度から組織やチームの人間関係を眺めると、何かが見えてきます。行動の法則が見えてくるかもしれません。援助関係によくない影響を与えている関係の連鎖も見えてくるかもしれません。また、先ほど見てきたように、それぞれのメンバーには「なるほど」という事情がありますが、「同じ方向を向いていない」現実が見えてくるかもしれません。その見えてくる「何か」に突破口があるのです。

組織やチームは、構成されるメンバーの「集団」です。この集団が、そもそも共有している目的を再確認し、同じ方向を向いて役割分担をし、目的の達成のために進んでいく。理想的な姿ですが、それは、組織やチームが「仲間集団」として成長することなのです。

対人援助の仕事は、ストレスを溜め込みやすい仕事だからこそ支え合う。さらには、個々のメンバーの専門性が高まるように、組織やチームそのものが専門性を高めていく。そうした姿に少しでも近づけたいものです。そのためにも、組織やチームの人間関係を客観的な目で理解する必要があるのです。

次章では、組織やチームが人間の集団として自ずと抱えてしまっている課題を整理していくことにします。

第二章のポイント

「人間関係」を理解するために

●人は、人との間で生きている　↓　人は、人間関係を背負って生きている
●避けられない人間関係　↓　人間関係を理解することは、「生きること」そのもの
●人間関係から生まれる行動の法則

人間関係をよくする対人関係

●人間関係……誰にでも当てはまる、匿名の人同士の関係
●対人関係……固有の人格をもった人同士の関係
●対人援助職の専門性　↓　業務のための専門性と対人関係のための専門性

対人関係の連鎖

●ヨコの連鎖……組織やチームのメンバー同士の関係と援助関係との連鎖
●タテの連鎖……育てられたように育てるなど、世代を超えた連鎖

人間関係を理解する目

●主観的な目……自分の主観で見る目　↓　プラスとマイナスがある
●客観的な目……事実を冷静に受け止める目
●いろいろな角度から状況を眺める　↓　客観的な目に近づく

第三章

組織やチームの「集団」としての課題

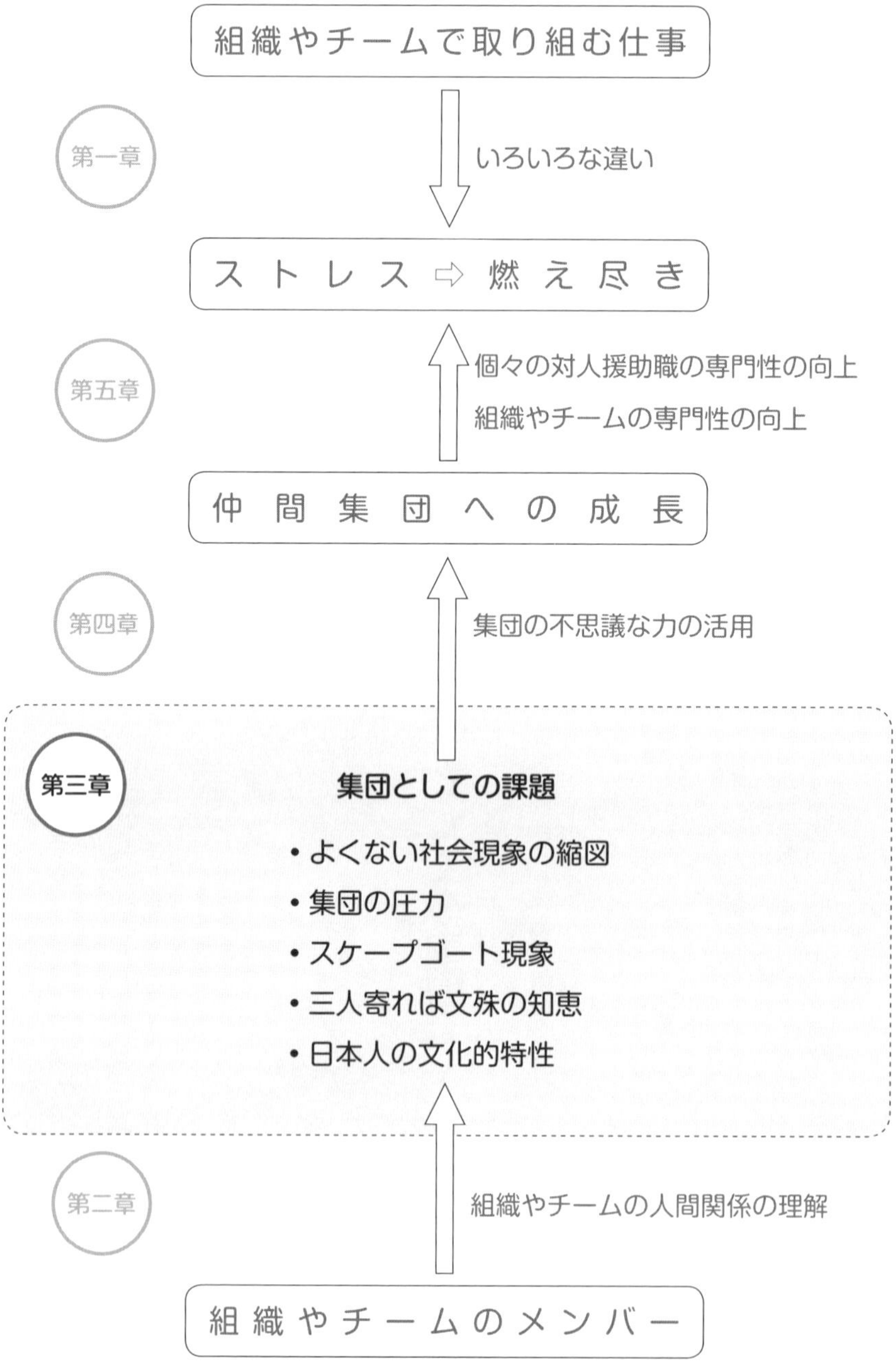
組織やチームで取り組む仕事
第一章
いろいろな違い
ストレス ⇨ 燃え尽き
第五章
個々の対人援助職の専門性の向上
組織やチームの専門性の向上
仲間集団への成長
第四章
集団の不思議な力の活用
第三章
集団としての課題
・よくない社会現象の縮図
・集団の圧力
・スケープゴート現象
・三人寄れば文殊の知恵
・日本人の文化的特性
第二章
組織やチームの人間関係の理解
組織やチームのメンバー

よくない社会現象の縮図

社会を見渡すと、近年、犯罪が凶悪化する、いじめが陰湿化する、規則やマナーを守らない人が多いなど、「安心して暮らせない」「元気に学校に行けない」「気持ちよく街を歩けない」などの状況が明らかに増えています。

では、どうしてこのような状況が増えてきたのでしょうか。そこには、私もあなたも含めて、人々の心のどこかに「自分さえよければいい」といった気持ちがあるのではないかという気がします。また、こうした気持ちも含めたよくない社会現象の縮図が、あなたの組織やチームの一人ひとりのメンバーの心の中にもあって、無意識のうちに何らかの形で現れているのではないでしょうか。

身勝手な行動

携帯電話は、もはや日常生活の必需品になりました。私も携帯電話を忘れようものなら、一日中、不安や焦りを感じます。それはもはや仕方のない現象だとしても、マナー違反には閉口します。電波が心臓のペースメーカーや医療機器に悪い影響を及ぼすことは広く知られています。にもかかわらず、満員電車や病院の中で平気で話したりメールをしたりする光景をよく見かけます。あなたは、以前、注意をしてにらまれたことがあって、あるいは、「よけいなことを言われたら嫌だ」という気持ちがあって、注意することすら躊躇してしまいます。

細い道を歩いていて、向こうからやってきた人とすれ違ったとき、あなたは衝突を避けようとして、できるだけ端に寄り立ち止まりました。ところが大きな荷物をもっていて避けきれず、平気で真ん中を歩いてきた相手の肩とあなたの肩がぶつかってしまいました。あなたは「すみません」と謝りました。でも、相手は「チッ！」と吐き捨てそのまま立ち去りました。このような場合は、たいていい衝突を避けようとしたほうが謝り、ぶつかって来たほうが怒ります。本当に理不尽な話です。

少々極端な例だったかもしれませんが、この例に近いような身勝手な行動が、組織やチームの「集団」としてのまとまりを壊していくのです。

他人への無関心

他人の身勝手な行動に注意をしようというのは、まだ、その行動に関心があって、「改めさせたい」という気持ちがあるということです。でも、注意をしようという気持ちになるどころか、まったく関心を示さないという現象も起こります。もし、「改めさせたい」という気持ちがあったとしても、見て見ぬふりをするという人は多いかもしれません。見て見ぬふりをするということは、無関心を装うことなのです。

無関心、あるいは、無関心を装うことで、いろいろな困ったことが起こっています。「隣の人が何をしていても私には関係ない」。悲鳴が聞こえても知らないふりをする。そのため通報が遅れ殺人事件に至ったこともありました。殺人事件とまではいかないまでも、こんなこともあります。隣は、お年寄りの一人暮らしです。電話をかけても出ないので心配した家族がやってきたら、すでに亡くなっていました。死後一〇日経っていました。隣の住民は、「そういえば、最近見かけないなあと思っていたところでした」と家族に話しました。

組織やチームでも、お互いに無関心になることで、大切なコミュニケーションが不足することになります。その結果、それぞれのメンバーは、ほかのメンバーの言動の意味をわかろうともしなくなり、反発し合うのです。

ルールへの抵抗

社会には、秩序を守るためにいろいろなルールが存在します。国レベルでは、法律によって決められています。自治体レベルでは、条例で決められています。学校にも校則がありますし、あなたの職場にも何らかの規則や申し合わせた手順などは必ずあると思います。

あなたは、これらのルールに対して、わずらわしいと感じたことはないでしょうか。わずらわしいと感じること自体は、おそらく誰にでもあるでしょう。私にもあります。ほとんどの人は、そう感じながらも、「ルールは守らなければいけない」ことは知っているので守ろうとします。

ところが、人は誰でも、ルールを守ることができないときがあるのです。私もスピード違反で罰金を払ったことがあります。灰皿のないところでたばこを吸ったこともあります。かつて身体障害者施設で働いていたときに、一人夜勤で誰も見ていないことをいいことに、決められた手順を守らなかったこともあります。

たまにルールに抵抗し守らなかったが、偶然誰にも迷惑がかからなかった。事故も起こらなかった。ということであればまだいいものの（本当はダメですよ）、それが心の緩みなどでたび重なると、事故につながったりして、周囲の顰蹙《ひんしゅく》を買うことになるのです。また一方で、「事故につながらなかったらいい」「誰にも迷惑をかけなかったらいい」「誰も見ていなかったらいい」といった誤った意識をメンバーに植えつけることにもつながります。結果として、組織やチームの秩序が乱れていくのです。

変化への抵抗

抵抗というと、変化への抵抗という現象もあります。人は不思議と変化を嫌うのです。あなたの組織やチームにも変化に抵抗を示す人はいないでしょうか。ひょっとしたら、あなた自身がそうかもしれません。これは、第二章で示した「行動の法則」ともいえます。「いつまでも現状のままでいたい」という法則です。これは、ニュートンの法則の中でも「慣性の法則」と呼ばれるものによく似ています。慣性の法則とは、「外力が働かなければ、物体は静止または等速運動を永遠に続ける」というものです。集団の中の人も同じなのです。

よくこのような人たちがいます。「今のままがいい」「何もしないほうが楽だ」という人たちです。

こうした人たちは、日頃ゆったりと仕事をしているのですが、ひとたび変化が生じようとすると、恐るべき力を発揮します。新しい体制の悪いところをたくさん見つけて反対し、よいところは見ないふりをするのです。そして、今までの体制のよいところを強調します。人間のやることですから、どの方法を採用しても、よいところもよくないところも存在するはずなのですが、このような人たちには通用しないのです。あなたの組織やチームでも、こうした現象が現れると、新しいことに向かおうとする力を押さえ込むことになるのです。

よくない社会現象をあげれば切りがないかもしれません。あなたの組織やチームを思い浮かべてください。「すでに顕著に表れている」「まだ一定の常識は保たれている」など状況はいろいろでしょうが、こうしたよくない社会現象の縮図が多かれ少なかれ存在するのではないでしょうか。こうした現象は、第一章で示した「意識の違い」につながります。

集団の圧力

人は、組織やチームといった「集団」の中にいると、案外自由でもなさそうです。集団には、自ずと圧力が生じているからです。目に見える圧力もありますが、目に見えない圧力、また、あなた自身の意識にのぼらない圧力もあるのです。ここでは、集団を高めていくときに課題となる集団の圧力について考えていくことにします。

多数決

多数決は、民主主義社会の意志決定の方法として、小学校のホームルームで習いました。何かを決めるとき、学級委員長は必ず最後に「それでは決を採ります」と言っていたような気がします。集団として物事を決めるときに、最も賛成の多かった意見を採用する。確かに現代社会で多く使われている方法なのですが、果たして多数決に問題はないのでしょうか。

実は、多数決というのは少数派の排除ともいえるのです。これは目に見える集団の圧力なのかもしれません。日頃行動をともにする組織やチームで、いつも多数決で物事を決めていると、やがてひずみが生じてきます。政治の世界で、政党や派閥がいつも激しく対立しているように、あなたの組織やチームでもサブグループができ、激しく対立することになるのです。そして、いつも少数派になるサブグループのメンバーは、すっきりしない気持ちで仕事をすることになります。あるいは、「どうせ言っても無駄だから、もう黙っておこう」などと、あきらめの気持ちや消極的な気持ちをもつことにもつながります。いずれにしても気持ちよく仕事をすることはできません。

多数決という意志決定の方法そのものは、多くの国々、多くの業界で認められた方法ですので、ときどきは採用してもいいでしょう。ただし、多数決を採る前に、いろいろな角度から意見を調整する必要があります。どの意見にも必ず「なぜそう思うのか」という理由があるはずです。多数意見であれ、少数意見であれ、その理由を出し合い共有するのです。そして、どの意見についても「なるほど」と納得した上で多数決を採ります。決して、少数派の意見を、有無を言わせず切り捨てるのではありません。少数派の人たちがいかに納得するか、少数意見をいかに全体に反映させるかということが、多数決の大きな課題になるのです。

多数意見への同調

一方、こんなこともあります。「私はこう思うのだけれどみなと違う。こんなことを言ったら、馬鹿にされるのではないか」。あなたは、こんな不安を抱いたことはないでしょうか。よほどの確信がない限り、一人だけ違った意見を主張することはできないものです。人は、自分の存在が安定していると落ち着きます。一人だけ違った意見をもっていると、集団の中で居心地が悪いのです。ですから、たとえ「それは間違っているんじゃないか」と疑問をもっていても、多くの人の意見に合わせようとするのです。これも集団の圧力だといえます。

一九九九年八月一四日、こんな事故がありました。「神奈川県山北町の玄倉川。中州に取り残された一八人が消防隊員の目の前で濁流に呑み込まれた」というものです。前日から雨が降り、玄倉ダムの職員や警察官が再三、安全な場所に移るように避難勧告をしました。ところが、キャンプに来ていた一行は、「いつもテントを張っているところだから大丈夫」「放っておいてくれ、危なくなったら逃げる」などと拒否。結局、降り続けた雨は、事故当日一時間に三八ミリを超える大雨になり、悲劇はあっという間に起こりました。

一八人の中には、幼い子どももその母親もいました。結婚間近のカップルもいました。誰も「避難したほうがいい」と思わなかったのでしょうか。不安じゃなかったのでしょうか。特に、幼い子どもの母親は、不安で仕方がなかったのではないかと思います。それにもかかわらず避難しなかったのです。

一行は、会社の仲間集団とその家族でした。誰も「危険なので、わが家は帰らせてもらいます」などと言えなかったのでしょう。「せっかくみなで来ているのに、勝手な奴だ」と非難を浴びてしまいます。

このように、集団の圧力は、命が脅かされるようなときでも威力を発揮するのです。特に、日本人は多数意見に同調しやすいといわれています。これは、目に見えない圧力なのかもしれません。のちほど「日本人の文化特性」として詳しく示すことにします。

暗黙の了解

集団には、必ず「暗黙の了解」といわれるものが生まれます。申し合わせをしていないのに、知らない間にメンバーの行動や判断を決める基準になるものです。

たとえば、「うちの職場のメンバーなら賛成するはずだ」「この組織ではこんなことをしてはいけない」などです。あなた自身が、こうした暗黙の了解から外れた行動をすると何となく落ち着きません。ほかの人たちに悪いことをしたような気持ちになります。

暗黙の了解には、よいものとよくないものがあります。少し具体的に示してみましょう。「会議に遅れてはいけない」。逆に「会議には早く行くよりも少し遅れるほうがいい」。あなたの組織やチームには、どちらの暗黙の了解があるでしょうか。

「会議に遅れてはいけない」とみなが思っているのであれば問題ありません。「会議の直前に患者さんに呼び止められて遅れてしまった」などといったやむを得ない事情の人以外は、決められた時間までに席に着いているでしょう。

逆に、ほとんどの人が、「会議には早く行くよりも少し遅れるほうがいい」と思っていたらどうでしょう。そんな申し合わせなどしていません。常識として会議には遅れてはいけないのですから。ところが、現実問題として、ほとんどの人は、二分以上遅れてくるのです。いつも五分前には席に着いているまじめな人は憤慨します。でも、こうした暗黙の了解がある以上は、改善されないのです。

こうした暗黙の了解は、「集団規範」と呼ばれます。意識にのぼらない圧力なのかもしれません。集団規範の改善については、第四章で詳しく触れることにします。

スケープゴート現象

そもそも「スケープゴート」とは、「贖罪《しょくざい》の羊」のことで、旧約聖書によると、犠牲として神に捧げられる羊のことをさします。人類の罪を身代わりとして負う象徴とされました。新約聖書では、自己を犠牲として人類の罪を負ったキリストをさしています。

集団では、スケープゴートをつくり、ほかのメンバーがまとまるといったことがよく起こります。このことを「スケープゴート現象」と呼ぶことにします。

あなたの組織やチームではいかがでしょうか。特定の職員の悪口を他の職員が口々に言い合って、こぢんまりまとまるといったことが起こっていませんか。悪口を言い合う職員たちは、「自分だけが不満を感じているのではない」と安心します。でも、こういった現象が起こっているということは、組織やチーム内に葛藤が存在しているという証拠なのです。悪口を言い合っていると、ますます葛藤は大きくなるばかりです。集団内の葛藤を自分たちで解決してこそ、つながりの強いまとまりのある集団をつくることができるのです。特定の職員をみなで攻撃していても何ら解決にはつながりません。

スケープゴートにされた職員はどうなるのでしょうか。多くの場合は辞めていくでしょう。でも、その職員が辞めると、今度はほかの職員がスケープゴートにされるのです。

また、こんなこともよくあります。上司が意図的に悪者になり、部下たちに自分の悪口を言わせてまとまりのある組織やチームをつくる。これもよくありません。組織やチームを動かすライン（指示命令系統）を上司自ら壊していることになるのです。これでは、組織やチームは動いていきません。

集団では、放っておくと、こうしたスケープゴート現象が起こるのです。差別と同じで、人間が本来もち合わせている本能なのかもしれません。世界中の歴史が物語っています。ですから、集団の課題として、認識し、意図的に改善する必要があるのです。

三人寄れば文殊の知恵

「三人寄れば文殊の知恵」とよくいいます。「凡人でも三人集まって相談をすれば、すばらしい知恵が出るものだ」という意味です。果たしてそれは本当なのでしょうか。

私は、かつてある大学で、非常勤講師として「グループワーク」という科目を教えていたことがあります。毎年、三人寄れば文殊の知恵が成り立つかどうかの実験をしていました。

どのような実験かといいますと、まず、少々難しい五択の教養問題を二〇問用意します。それを個人作業で学生に解かせるのです。次に、答え合わせをせず、グループをつくり、グループで問題を解かせます。個人作業で解けば一五分もあれば全員答えを出すのですが、グループですと、わからないところを話し合いますので、ほとんどのグループは一時間以上かかります。

答え合わせをすると、たいへんおもしろい結果が出ました。個人作業での最高得点よりもグループの得点が上回れば、三人寄れば文殊の知恵が成り立ったということになります。ところが、そのようなグループは、数年の実験の結果一つもありませんでした。一〇〇%、グループの得点は、個人作業の最高得点と同じか下回っていました。実は、最高得点と同じというグループはほんのわずかで、ほとんどは、個人作業の最高得点を下回っていました。中には、個人作業の最低得点をさらに下回るグループもありました。

どうしてこのような結果になったのかを学生に話し合ってもらいました。問題が難しくて、高得点をとった学生も自信がなく、何となく解答したようです。「話し合っているうちによけいに自信がなくなった」と言っていました。高得点をとったということは、難しい問題でも選択肢を五つから二つや三つに絞り込む知識はもち合わせていたはずです。それでもよけいに自信がなくなって、もっていた知識をグループに反映できなかったようです。

また、こんな意見も出ていました。グループの中で影響力の大きい学生によって解答が左右されるというものです。その学生が自信をもって解答し高得点をとっていれば、確実にグループの得点も高くなったのでしょう。ところが、問題が難しく、ほとんどがそうではない学生です。結局、高得点の学生をも迷わせてしまう影響力になったのかもしれません。

この実験では、答えがはっきりしている問題を解いたのですが、答えに自信がもてない場合、三人寄れば文殊の知恵が成り立つことはほとんどないという結論に達しました。これが集団の現実です。

答えのない問題について話し合う場合は、この限りではないでしょう。でも、今まで示してきたように、変化への抵抗、多数意見への同調や、多数決によって少数意見が排除されるなどという課題がやはり残ったままになるのです。

日本人の文化的特性

さきほど、日本人は多数意見に同調しやすいと書きました。そこには、日本人独特の文化的特性が反映されています。

日本人の行動と性格を鋭く分析していることで有名な、ルース・ベネディクトの『菊と刀』では、日本人の文化を、外からの批判を気にする「恥の文化」とし、内面にある良心を意識する西欧の「罪の文化」と対比させています。「恥の文化」について、誤解を恐れず簡単に説明すると、「こんなことをしたら、他人、あるいは、世間に批判されるだろうからしない、してはいけない」というものです。それに対して、「罪の文化」は、「道徳は絶対的なもので、個々人が良心による罪の自覚に基づいて行動する」というものです。飛躍させると、「西欧人は、自分の非行を誰一人として知らなくても罪の意識に悩む。日本人は、人に知られなければ恥ではなく、悩むことはない」となるわけです。さらに飛躍させると、日本人は、「人と違うことをすれば恥ずかしい」「人に知られなければ、何をしても大丈夫」といった気持ちにつながるのかもしれません。こうした文化的特性があり、日本人は、周囲に人がいる集団の中では、多数意見に同調しやすいといわれているのです。

では、もう少し詳しく、「集団」といった観点から、日本人の文化的特性について整理していくことにします。

〔出典〕塩田祥子・植田寿之著「日本人の文化的特性からみるピア・グループ・スーパービジョンについての研究」花園大学社会福祉学部研究紀要、第一九号、二〇一一年、一二七～一四〇頁

共通性とつながり

日本人は、対人関係において、無意識のうちに共通性やつながりを感じようとし、「われわれはみな同じだ」「すべてお互いにわかり合っている」という感覚を大切にします。こうした共通性やつながりが持続する関係が、日本人にとっての「よい関係」なのです。また、日本人は、非常に対人関係に敏感だといわれています。視線を合わせなくても、会話をしなくても他人の気持ちを感じとる敏感さをもっているのです。ですから、「私がこうすれば、相手はこう感じるだろうから、こうしないでああしよう」。つまり一方的な気づかいをし、ひとり相撲をとってしまいやすいのです。

自ずと相手を思いやろうとするわけですから、こうした敏感さは、日本人の優れた特性だといえるでしょう。しかし、日本人がよしとする「共通性やつながりが持続する関係」を考え合わせると、「同じ日本人なのだから、感じることや考えることは同じはずだ」という安易な気持ちを抱きやすくなるのです。その結果、相手の奥深いところまで、見ようとする、聴こうとする、感じようとする努力をしなくなりやすいのです。また、今までにも示してきたとおり、人はみな、自ずと違いを抱えているはずなのですが、「違い」があること自体に違和感を覚えるのです。ですから、日本人は、違いがあるということを認め合いながら生きていくことが苦手な民族なのかもしれません。

ミウチとヨソモノ

日本人は、相手がミウチであるかヨソモノであるかによって、ずいぶん態度を変えるといわれています。ここでいう「ミウチ」とは、血縁関係にある親子や親族をさすのではなく、感覚的に「仲間」と感じる人たちとの間に抱く意識なのです。お互いに自分を相手にゆだね、どのようなことでも話すことができる遠慮のない、いわゆる「気心が知れている」関係だといえます。

逆に、「ヨソモノ」つまり「気心が知れない」関係では、お互いに自分を相手にゆだねることはできませんし、人間関係を築くことが難しくなります。相手をヨソモノだと感じていると、必要以上によそよそしくなる。また、ミウチ、あるいは、仲間といるときほど、ヨソモノに対して冷たい態度をとる。ヨソモノが、自分たちよりも劣勢だとわかると、その冷たさはよりはっきりし、優越感を抱く。それが、ヨソモノへの非礼にもつながることもあります。さらに、ヨソモノを排除しようとすればするほど、ミウチの結束は固まるという法則も成り立つのです。

ミウチとヨソモノの違いは何かというと、さきほど示した「共通性やつながり」なのです。ミウチの結束を固めるときには、「共通性やつながり」をよりはっきりさせることになります。

このような状況であることを、日本人は、生まれ育った文化と歴史の中で、言語化しないまでも身をもって知っています。つまり、「今はミウチ関係であっても、何かがあって自分がヨソモノになったとき、ミウチであった仲間が、どのように態度を変えるのか」ということを自ずと知っているのです。ですから、実際につながっているかどうかはともかく、つながっているという感覚がほしいために、つながっていることを装う可能性があるのです。

日本人のコミュニケーション

日本人は、自分が所属する集団の人間関係において、自分はどういう位置、役割、立場にあるのかをよく考え、コミュニケーションを図るといわれています。つまり、「自分が何を発言したいか」ではなく、この関係の中で「何を発言すべきか」「何を求められているのか」を考える。ですから、その場の状況や他者との関係の違いによって、発言や態度も違ってくるということが起こるのです。また、先ほど示したように、日本人は、自ずと相手を思いやり、相手の気持ちや立場を考えます。そして、相手とのその後の関係にまで気をまわすような態度をとります。ただし、日本人は、相手との関係が築けていない、あるいは、相手のことをよく知らない段階での話し合いは苦手だといわれています。相手を探ることに気持ちが集中し、話す内容は二の次になります。話し合うことができるようになるということは、それは、本当に気が合っているか、もしくは、一方が自分を犠牲にして相手に合わせているかのどちらかになるのです。

さらに、気が合った関係であればあるほど、自分の意見を言いやすくなりますが、一方で、「多くを語らずともわかってもらっている」、あるいは、「多くを語らずともわかり合えている」という気持ちが生じ、細かいことは語り合わなくなります。逆に、気が合わないと、意見が言いにくくなり、多くを語り合わなくなります。つまり、いずれにしても、日本人は、多くを語り合わないのです。日本には、「多くを語るほうが避けられる」、あるいは、「多くを語らないほうがいい」といった風潮もあるような気がします。

そのため、お互いに食い違いがあっても、気づかない可能性が生じてきます。でも、「わかり合えている」という気持ちのつながりがあればそれでいいのです。

いくつか日本人の文化的特性をあげましたが、あなたにも思いあたるところがたくさんあるのではないでしょうか。これらを集約し、「集団」の課題として、以下の七つに整理しておきます。

①共通性やつながりが持続する関係を求めようとするので、「違い」のある人たちとはよい関係を築きにくい。

②相手を思いやろうとするが、実際には相手の立場に立ったものではなく、自分一人の思い込みである可能性がある。

③気心が知れてくるまでは、お互いに探りを入れ、気が合うか合わないかといった基準で仲間（ミウチ）づくりをする可能性がある。

④気心が知れてくると、多くを語り合わなくなるので、実際には「違い」が生じる可能性が高くなる。しかし、「違い」があっても気づきにくくなる。

⑤「違い」に気づいたとしても、感覚的につながっていると感じるよい関係を維持するために、お

互いに指摘しづらくなる。

⑥仲間（ミウチ）では、みなが同じように考えることが当然だという意識があるため、違う意見を主張する人が現れたときに、仲間は結束を固め、ヨソモノとしてその人を排除しやすくなる。

⑦仲間（ミウチ）意識ができてくると、結束は固くなるが、馴れ合いが生じ、集団内の人間関係において公私の区別がしにくくなる。

あなたの組織やチームに渦巻く課題

重なるところもありましたが、ずいぶんたくさんの「集団」としての課題がありました。では、今まで整理してきた課題と照らし合わせながら、あなたの組織やチームには、どのような課題が渦巻いているのかを整理しておくことにします。

事例❶の整理

ケアマネジャーのあなた

あなたは、上司に対して腹立たしく思っていました。でも、あなたの上司には間違いありません。「立場は尊重しなければいけない」「指示には従わなければいけない」という気持ちもありました。軽蔑の気持ちを抱いてしまうこともありましたが、そのようなことを言葉や態度として表すわけにもいきませんでした。また、たった二人の部署です。関係がまずくなっては、自分を苦しめるだけです。ですから、あなたは、上司に対して思っていることの半分も言えませんでした。でも、そういうあなたも、以前にいた部署、特別養護老人ホームの元同僚たちには、上司に対する愚痴をこぼしていました。

これは、とても日本人的な態度なのです。あなた自身、自分と相手との関係性を気にしながら、相手によって態度を変えていたのです。

一方、上司は、法人の累積赤字を解消するために新しい体制を組もうとする事務局長のやり方に、ケアプランセンターの実質の責任者として、反発をしていました。上司自身が、長年かけて築き上げてきたやり方を根底からひっくり返そうとするものだったからです。上司は、本来の業務以外にも、事務局長に反対意見を言うための資料をつくることで忙しくしていました。でも、あなたの上司の場合は、論理的に反対するというよりも、やや感情的な反発でした。

事務局長による改革はスタートしたばかりで、それがよいものか悪いものか、実際はまだわかりません。あなたの上司にとっては、数字の話ばかりをし、自分が今までよかれと思って築き上げてきたやり方を根底からひっくり返そうとする事務局長が、感覚的に嫌だったのです。その感情が変化への抵抗として現れたのです。変化への抵抗は、反対意見を言うための資料をつくらせるほどの積極的な行動をもたらしました。

あなたを批判していたヘルパーや看護師は、地域で新しく開かれた小規模な訪問看護（ヘルパー）事業所や訪問看護ステーションの職員でした。あなたの地域には、そうした事業所がたくさんあったのです。あなたが所属する法人は、二〇年以上も前から特別養護老人ホームなどを経営する大きな法人で、この地域では業界の主のような存在でした。新しい事業所の管理者たちは、日頃から、何かとあなたの法人に対して、嫌な感情をもっていました。法人の経営者に対して、面と向かっては何も言えないものの、事業所の集まりでは、決まってあなたの法人やケアプランセンターへの批判が飛び交っていました。そうすることによって、小規模な事業所の管理者たちは結束を固めていたのです。これは、よくない面が現れた日本人的な「仲間（ミウチ）意識」なのです。その管理者たちの感情が、当然のように最前線のヘルパーや看護師にも伝わっていました。ヘルパーや看護師の批判は、あなたに対してだけではありませんでした。あなたの上司もその対象になっていたのです。

つまり、地域の事業所の管理者、ヘルパーや看護師にとっては、あなたの法人やケアプランセンター、そこで働くあなたや上司は、スケープゴートだったといえます。あなたの法人が地域で絶対的な力をもっていることで窮屈に感じていましたが、みなで批判をすることで、自分たちの地位を守ろうとしていたのです。

「もうあの人たち、代えてちょうだい」と、あなたを突き上げた利用者の家族は、身勝手なものでした。サービス担当者会議で、一緒にケアプランを確認したのに、ほとんどそれを実行していませんでした。そのことをヘルパーや看護師から指摘されて、「逆ギレ」したような格好になりました。あなたも家族の話を聴くと、やはり、ヘルパーや看護師が指摘したとおり、客観的に見ても家族がプランどおりに実行していなかったことがわかりました。

こうした身勝手さは、家族にしてみたら、「ちゃんとお金を払っているのに、私たちに説教をするとは何事だ」といった抗議の気持ちによって正当化されます。多くの世の中の人が、身勝手な行動を、自分勝手な解釈で正当化しているのと何ら変わりません。ただ、そうせざるを得ない事情があるわけですから、援助者はそれを理解しないといけません。しかし、あなたのチームのメンバーには、理解するためのつながりがありませんでした。

事例❷の整理

看護師のあなた

患者を長く入院させると、診療報酬が少なくなるため病院経営に支障をきたします。あなたの病院では、「入院治療の必要はもうない」と医師が判断する場合、早い時期に退院を促すことは経営者からの至上命令でした。申し合わせるまでもなく、すべての医師は、それに従って、患者にかかわっていました。Mさんの主治医の場合、退院を延期してほしい理由が、主治医にとって大したものではなかったので、少々強引でしたが、退院に踏み切ったのです。そして、その調整を看護師にゆだねました。ゆだねられたのが、たまたまあなたでしたが、ほかの看護師でも当惑したでしょう。患者は患者で、家族をとおしてソーシャルワーカーにクレームをつけることになりました。

医師も、患者や家族も、客観的な目で眺めれば、少々身勝手です。退院の時期について、お互いに相手に伝えていたつもりだったのですが伝わっていませんでした。つまり、コミュニケーションがすれ違っていたのです。それにもかかわらず、お互いに自分を正当化しようとしていました。結局、医師が、少々強引な行動をとったことが直接の引き金になり、あなたをはじめ病棟看護師やソーシャルワーカーなどチーム全体に気まずい空気をつくることになりました。

また、あなたの病棟には、ソーシャルワーカーが指摘しているように、実際、「退院支援」は自分たちの仕事ではないと思っている、あるいは、何も考えていないという看護師が多かったのです。ですから、申し合わせをしたわけではありませんが、あなたの教育係の先輩の考えに象徴されるように、「退院について調整する必要があれば、ソーシャルワーカーに振ったらいい」という雰囲気が病棟を支配していました。それが、あなたの病棟の暗黙の了解でした。

主任自身は、退院支援は看護師の大切な仕事だという認識をしていましたが、病棟には、そのことについて声をあげて言うことができる雰囲気はありませんでした。また、主任自身にも、「声をあげて言う」という発想すらありませんでした。それは、病棟内に暗黙の了解があったからです。あるいは、「ほかの多くの看護師に対して、暗黙の了解に反することを言ってはいけない」という気持ちが、無意識のうちに働いたのかもしれません。つまり、ミウチ意識が働き、無意識のうちに指摘することを避けていたのかもしれません。

しかし、ソーシャルワーカーが、「ちゃんと退院支援のことをわかってくれているのは、あなたの病棟じゃ主任さんぐらいかな」と言っているように、主任自身が退院支援をする場合は、自分がよいと思う患者や家族へのかかわりをしていました。これは、主任自身の裁量でできることでしたので、ほかの看護師への気兼ねは必要なかったのです。少々うがった見方をすると、主任は、ほかの看護師の退院支援に対する意識に無関心になっていたのかもしれません。

一方、そもそも、病院ソーシャルワーカーの最も大きな仕事は、患者がスムーズに退院できるように、相談や調整をすることでした。とはいっても、明らかに退院後の暮らしに不安を抱えていて、退院することに抵抗を示す患者の場合は、ソーシャルワーカーだけがいくら頑張っても、調整しきれるものではありませんでした。そうした調整困難な患者の場合、ソーシャルワーカーは、病院の方針や病棟の雰囲気から、たいへんな圧力を感じることになりました。進め方は状況によっていろいろで、マニュアルをつくることができない退院支援です。ですから、そのつど、医師や看護師にも、チームの一員として患者や家族に対して、一緒に積極的にかかわってもらいたかったのです。その調整もソーシャルワーカーの仕事でした。でも、今まで示してきたようなことから、なかなかうまくいきませんでした。

あなたは、病院という大きな組織に属し、病棟という同じフロアの看護師チームに属し、それぞれの患者ごとにソーシャルワーカーなどともチームを組まなければいけません。何を信じたらいいのか、何が正しいのかがわからなくなりました。右往左往するばかりでした。

あなたと同期の看護師は、あなたと同じように、病院に対して疑問を感じていました。あなたと同じようにつらい思いをしていたのではないでしょうか。でも、彼女はそれを表面に表さず、同じ病棟に配属されたあなたにも相談せず、一人で転職先を決めてしまいました。就職してまだ三か月という非常に短い期間での判断でした。「あなたは、『お礼奉公』三年間だったわね。お気の毒に……」という言葉から、あなたにとっては、改善に努力しようとしない、他者の気持ちには無関心な身勝手な行動であったと思わざるを得ませんでした。

事例❸の整理

保育士のあなた

三歳児クラスのサブリーダーは、あなたのクラスである「さくら」の責任者でした。リーダーは、Sくんの対応のために、ミーティングの際に、サブリーダーに対してあなたの応援を要請しました。サブリーダーは、やむを得ないと思いながらも、新年度がはじまったばかりで、さくらもたいへんだったことから、リーダーに対してよくない気持ちを抱いていました。その気持ちが、コスモスへの無関心をもたらすことになりました。そのことで、自ずと、リーダーとサブリーダーのコミュニケーションが不足することになりました。それは、三歳児クラス全体のコミュニケーション不足につながりました。でも、「一緒に仕事をしなければならない」という思いは、四人の保育士の一致するところでしたので、「要らぬことを指摘してはいけない」という暗黙の了解で、二つのクラスは成り立っていました。

会議の席では、リーダーは、よく頑張って、Sくんには何が必要なのかについて説明しました。話し合いの場ですので、多くの職員が意見を言いましたが、一番声の大きかったリーダーの意見にほとんどの職員は同調するようになりました。あなたは、「しつけ」についての疑問を言ってみましたが、リーダーによって一蹴されました。その後、誰もあなたの意見を後押しする職員はありませんでした。そして、あなたの意見は、「たった一人の意見」として、葬り去られてしまいました。

会議で決まった方向性は、ほとんどの職員の合意がありました。でも、それは最もよい方向性だったのでしょうか。答えが明解な問題ではありませんので、何ともいえないのですが、Sくんの退所によって幕が引かれたことから考えると、決して最もよい方向性とはいえなかったかもしれません。少なくとも、「Sくんの退所」は予想できた結果だったはずです。対人援助は、援助の対象となる相手の気持ちを理解しようとするところからスタートします。そのスタート地点に立つことができなかったことは、否めないでしょう。その背景には、保育所や法人という組織、三歳児クラスといったチームの「集団」としての課題が渦巻いていたのです。

第三章のおわりに

仕事をしていく上でも、人は、人間関係を避けることができません。対人援助の仕事は、援助を必要とする人たちの人生を支える専門職を中心とした組織やチームで行います。利用者や患者、生徒などとの人間関係をよいものにするのも、よくないものにするのも、組織やチームの人間関係、ひいては、それぞれのメンバー間の対人関係次第だということは、「対人関係の連鎖」として第二章で示してきました。ですから、どんな仕事でもそうかもしれませんが、とりわけ対人援助職は、繊細で複雑な内面の動きを経験することになるのです。

また第二章では、それぞれのメンバーの気持ちや状況を客観的な目で眺める必要性も示してきました。本章では、さらに、個人と集団とは切っても切れない関係にあることから生じる課題についても整理をしてきました。人が集まり、集団を形づくると、自ずといろいろな課題が生じてきます。こうした課題が、組織やチームの集団としてのつながりやまとまりを壊していくのです。ですから、これらを克服し、逆に集団の力を活用しながら、組織やチームの人間関係を育てる必要があります。それが可能になれば、組織やチームそのものが、それぞれ個々の対人援助職の専門性を高める後ろ盾になるのです。

第四章では、集団の課題を克服し、逆に集団の特性を活用することによって、集団を高めていく。

いわば、組織やチームのメンバーを「仲間集団」に成長させるための具体的な方法について考えていくことにします。

第三章のポイント

よくない社会現象の縮図

●身勝手な行動、他人への無関心、ルールへの抵抗、変化への抵抗
　↓　この縮図が、それぞれの人の心の中にある

集団の圧力

●多数決という名の少数意見の排除　↓　目に見える圧力
●多数意見への同調　↓　目に見えない圧力
●暗黙の了解　↓　意識にのぼらない圧力
●スケープゴート現象　↓　人間の本能かもしれない
●三人寄れば文殊の知恵は成り立たない

日本人の文化的特性

●恥の文化……他人や世間の目を気にする日本人
●共通性とつながり……わかり合う感覚の重要視　↓　「違い」への違和感
●ミウチとヨソモノ……気心が知れないヨソモノとは、関係が築きにくい
●日本人のコミュニケーション……相手との関係性による変化

第四章

仲間集団への成長

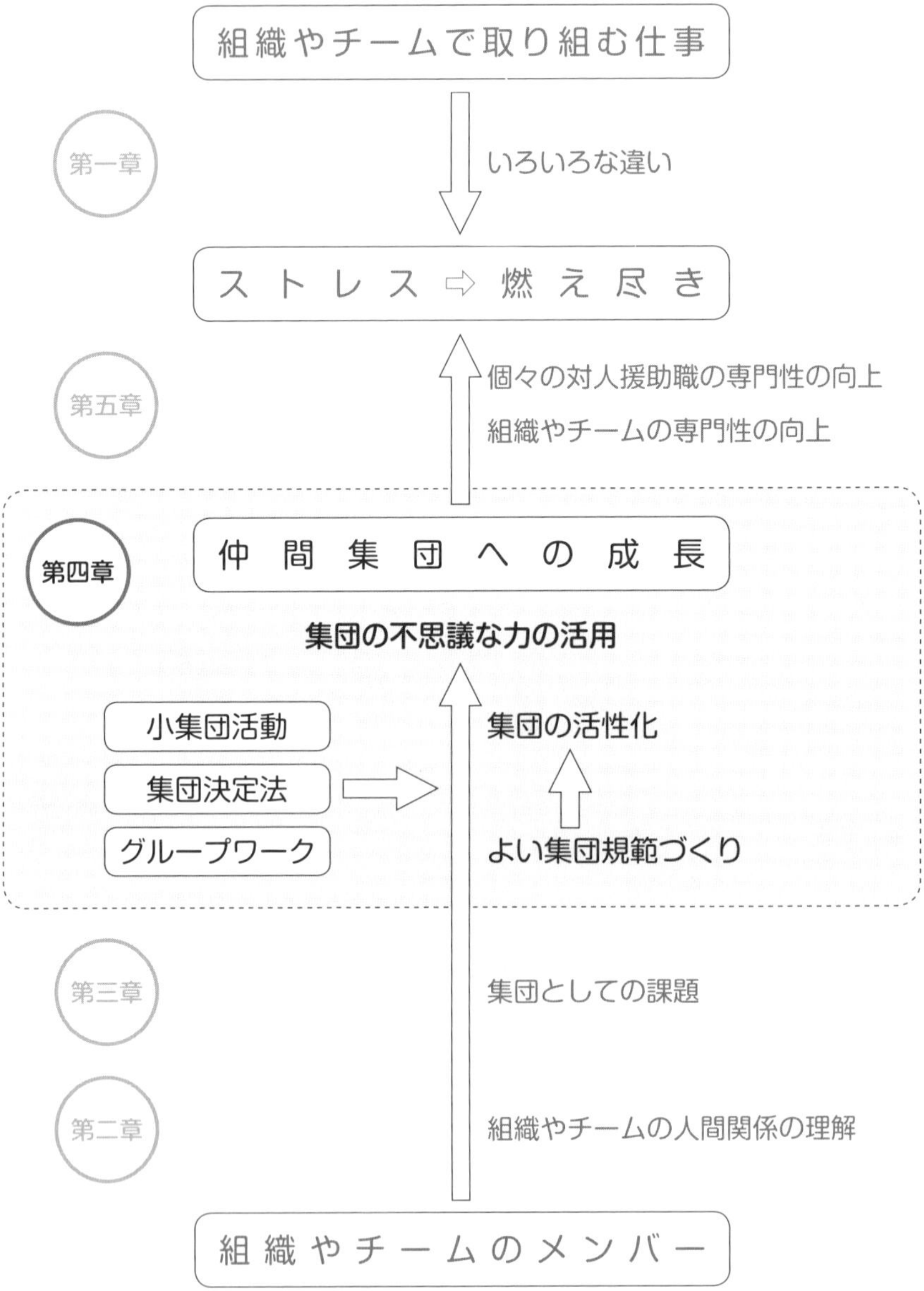
組織やチームで取り組む仕事
第一章
いろいろな違い
ストレス ⇨ 燃え尽き
第五章
個々の対人援助職の専門性の向上
組織やチームの専門性の向上
第四章
仲間集団への成長
集団の不思議な力の活用
小集団活動
集団決定法
グループワーク
集団の活性化
よい集団規範づくり
第三章
集団としての課題
第二章
組織やチームの人間関係の理解
組織やチームのメンバー

集団の不思議な力

第三章で示してきたように、集団を高めていくためには、さまざまな課題が存在します。その課題を書き出してみて、改めて気づいたことがあります。「集団というのは何とも不思議な生き物だ」ということです。よくも悪くも集団には不思議な力があるようです。不思議な力が働いて、集団の形がどんどん変わっていくのです。その集団を構成しているのは一人ひとりのメンバーです。集団の形が変わっていくということは、一人ひとりのメンバーやメンバー同士の関係も変わっていくということなのです。

今まで書いてきたことも含まれますが、ここで改めて、集団の不思議な力について整理しておくことにします。

あなたも今まで体験してきた集団を振り返ってみると、不思議な力を感じたことがあるのではないでしょうか。ある集団に属していると、「とても心地よい」「みな私を受け容れてくれる」「温かさを感じる」「もっとこの集団の中にいたい」。まったく逆もあります。「みなピリピリしている」「お互いに足の引っ張り合いをしている」「みな自分のことばかり主張して他人を受け容れようとしない」「一刻も早くこの集団から逃げ去りたい」。まったく同じ集団でも、「昨日は居心地がよかったのに、今日は居心地が悪い」ということもあります。

こんなこともあります。「団体競技をやっているときに、みな勝利に向かって強い一体感を感じた」。逆に、「みな気持ちがバラバラでまったく勝つ気がしなかった」

また、スポーツチームを思い浮かべるとわかりやすいのですが、あるチームは、「一人ひとりの選手をみるとそんなに強い選手ではないのに、チームになるととても強い」。その逆もあります。「一人ひとりの選手はとても強い選手なのに、チームになると弱い」

さらに、集団で話し合いをしていると、「絶対に変わらないと思っていた自分の考え方が変わった」。逆もあります。「自分の考えがしっかり固まっていなかったのに、メンバーの意見を聴いているうちに固まった」

そのほかにもたくさんあると思います。私たちは、こうした集団の不思議な力を体験として知っているのです。組織やチームを仲間集団にし、一人ひとりのメンバーの成長を促したり、問題を解決したり、また本書の主題であるメンバー同士の支え合いや高め合いをもたらすためには、この集団の不思議な力を活用することになるのです。そのためには、リーダーの存在が必要になります。リーダーが意図的にメンバーに働きかけ、よい不思議な力を引き起こします。たとえ、よくない結果になり、メンバー間に葛藤が生まれたとしても、メンバーで一緒に克服するという体験をすることで、より強いつながりのある集団にしていきます。

ところが、リーダーが意図したように働きかけても、集団は思うように動かないことがよくあります。集団には「思いもよらない力」が働くのです。これも集団の不思議な力といえるでしょう。リーダーの意図的な働きかけと、集団の不思議な力とが融合されて、集団は成長していくのです。リーダーの役割については、グループワークの専門技術として、のちほど詳しく示すことにします。

集団規範の改善

第三章で、集団には「暗黙の了解」という課題があることを示してきました。「会議には遅れてはいけない」「会議には早く行くよりも少し遅れるほうがいい」といった例をあげて説明しました。このような暗黙の了解を「集団規範」と呼びます。集団規範は、集団の圧力にもつながるものなのです。なぜならば、特に申し合わせをしなくても、メンバーが集団の中で行動したり判断したりする際の基準になるからです。それがよいものであるならば、維持するか、よりいっそう強化すればいいでしょう。しかし、よくないものは改善しなければならないのです。

よくない集団規範

組織やチームを思い浮かべると、さまざまなよくない集団規範が存在します。あなたも思い浮かべてみてください。

「目標は、そこそこ達成すればいいが、達成できなくても仕方がない」「あの利用者さんはいつも厄介なことを言ってくるから、適当にあしらっておけばいい」「退社間際の電話に出ると、定刻に退社できないから出ないほうがいい」「研修の復命書なんかどうせ誰も読まないのだから、適当に書いておけばいい」など……。このような集団規範は、それぞれのメンバーの仕事に対する意欲によくない影響を及ぼすことになります。

もし、意欲的なあなたが、このような集団規範のある意欲の低い職場集団に配置換えされたらいかがでしょうか。あなたは、まず集団全体の意欲のなさにあきれるでしょう。一人で頑張ってみますが空回りします。頑張っているのに、他のメンバーから白い目で見られます。居心地が悪く、イライラのしどおしではないでしょうか。それこそ、ストレスが溜まって燃え尽きてしまいます。また、ほかのメンバーは、あなたをスケープゴートにして、自分たちで、こぢんまりとまとまってしまうかもしれません。

こうした集団規範が存在している以上、その集団の成長は閉ざされることになるのです。いくら意欲のある人が、一人で鼻息を荒くして訴えかけても疲れるだけです。ですから、集団規範そのものを改善、つまり、よい集団規範づくりをしていかなくてはならないのです。

よい集団規範づくり

では、どのようによい集団規範づくりをしたらいいのか、段階を追って考えていくことにします。

第一段階……自分たちの規範の現状を知る

まず、自分たちの行動を振り返る作業からはじめます。そして、自分たちの職場集団には、どのような規範が存在しているのかを探しだします。規範そのものを見つけるのが難しいようであれば、「多くの職員が共通してやっていること」を見つけてください。このときには、よくないことばかりではなく、よいことを見つけることも重要です。よいことは、現在その集団がもっている強さになるからです。

「利用者さんへの挨拶はよくできている」「この頃遅刻をする職員が多い」「昼休みには歯磨きをしている」「提出物を期限までに提出しない」「申し送りはきっちりできている」「仕事中に私語が多い」「時間にルーズだ」「会議では特定の職員しかしゃべっていない」……よいこともよくないことも混ざっていますが、探してみれば結構見つかるものです。

ここで大切なことは、みなで話し合いをするということです。話し合いをすると、よい規範づくりに参加しているという意識が芽生えてきます。

第二段階……自分たちのよくない規範の現状を認識する

次に、見つけた自分たちのよくない規範を認識するという話し合いをします。規範は、最初「暗黙の了解」だと紹介しました。暗黙の了解ですので、日頃意識にのぼっていないことが多いのです。また、それをよくないこととらえる基準もみな違います。たとえば、たまたま一人のメンバーから、「仕事中に私語が多い」というよくない規範が出されても、「いやそんなことはない」というメンバーがいるかもしれません。ですから、みなが「それは確かによくない規範だ」と認識でき、「それは改善しよう」と合意できるような話し合いをします。

第三段階……改善する現実的で具体的な方法を考える

みながよくない規範があることを認識し、「改善しよう」と合意を得ることができれば、現実的で具体的な改善方法を考えます。ここでも、みなで話し合うことが大切になります。というよりも、みなが意見を言うといったほうがいいかもしれません。リーダーが自分の意見を押しつけていたのでは、他のメンバーは意見を言うことができません。リーダーの役割は、みなが意見を言いやすい雰囲気をつくり、意見を引き出すことなのです。

ただし、メンバーから非現実的なできもしない方法が出されたときは、指摘をする必要があります。意見を引き出すことにとらわれて、できない方法を考えても意味がないのです。

第四段階……考えた方法を実行する

現実的で具体的な方法が見つかれば、それを実行します。ここでもリーダーの役割が問われます。リーダーが「決まったことは実行しろ」と圧力をかけると、ほかのメンバーからの反発を招きます。リーダーが率先して実行するのです。それを見ていたほかのメンバーは実行する気持ちになります。みなが実行するようになれば、それが新しい規範となり、集団の常識となるのです。

もし、実行できないメンバーがいると、リーダーは、まず個別に話を聴いてみます。現実的で具体的な方法を考えたのに実行できないということは、そのメンバーの心に何か引っかかりがあるはずです。話し合いのときには言えなかったのかもしれません。そのときは納得したけれど、あとで「やっぱりそれはおかしい」と思ったのかもしれません。いずれにしても何か引っかかりがあるので、十分話を聴いてみます。その結果、「もう一度みなで話し合いをして考え直したほうがいい」と判断すれば、話し合いをします。

第五段階……実行した結果を評価する

実行した結果を評価することも大切です。予想以上の効果が現れる場合もありますが、思ったほど効果が現れない場合もあります。結局、ほとんどのメンバーが実行できなかったという場合もあるかもしれません。いずれにしても、評価をする時間を設け、メンバーから意見を聴きます。

そして、必要な段階までもどってやり直すのです。一度この段階を踏んだからといって、うまくいく場合はほとんどありません。何度も何度も繰り返す必要があるのです。むしろ、終わりはないといったほうがいいかもしれません。また、何度も繰り返す過程をメンバーみなで経験するということも大切です。それが仲間意識につながるのです。

よい集団規範づくりの具体的な事例

では、「事例③　保育士のあなた」を発展させて、よい規範をどのようにつくっていくのかをみていくことにしましょう。

事例❸

保育士のあなた

長期出張から帰ってきた主任は、あなたの話を聴いて、「二度と同じことを繰り返してはいけない」と感じた。そこで会議を開いて、子どもや保護者へのかかわり、それぞれのクラス担任同士のコミュニケーション、保育所全体の連携などについて、振り返ることにした。園長も了解してくれた。

「特定の保育士を責めることになってはいけない」ことを強調した上、主任は、それぞれのクラスや保育所全体には、どのような規範があるのかを考えるように促した。

最初は、みな黙っていたが、あなたが、「保育観の違いがあってもお互いに指摘しにくい雰囲気がある」と発言したことをきっかけに、みな発言をしだした。「ほかのクラスの子どもたちの行動には無関心になっている」「よく文句を言ってくる保護者を避けるようにしている」「この頃、子どもたちの持ち物を取り違えることが多い」「おもちゃの片づけを保育士だけでやってしまっていることが多い」「同じクラスの保育士同士、打ち合わせはしても話し合うことが少ない」……いろいろとよくない規範が出てきた。

主任は、「よくない規範がたくさん出てきましたが、よい規範も見つけてください」と、よいところにも目を向けるように促した。すると、「変則勤務だが、きちんと申し送りができている」「保護者との連絡帳はよく書けている」「外で遊んだあとの手洗いやうがいはきちんとできている」……これもいろいろと出てきた。

主任は、一つひとつホワイトボードに書いていった。「ずいぶんあるものだ」と保育士たちは驚いたような表情をしていた。

主任は、「よい規範は、これからも続けていけるように頑張りましょう。あとで花丸をつけて、職員室の壁によい規範を貼っておきます」と言った上、「それでは、よくない規範は、みなさんが認めるところですか？」と再度考えるように促した。すると、「私は、ほかのクラスの子どもたちにも関心をもってかかわっているつもりです」と、ある保育士が言った。ほかにも数人の保育士から同じ発言があった。

最初に「ほかのクラスの子どもたちの行動には無関心になっている」と発言した保育士から、「私も関心をもっています。無関心というのは、ちょっと言いすぎました。間違っているように思います。そうではなく、それは、『それぞれのクラスの方針を尊重している』というよい規範かもしれません」と訂正があった。数人の保育士からも、他のクラスの子どもたちや保護者へのかかわりについて意見が出て、全保育士が、現状を共通認識することができた。

主任は、みなが認めたよくない規範について確認したあと、その改善策について意見を促した。

「保育観はみな違うかもしれないので、それぞれ引っかかりを感じたら、『どうしてそう思うのか』をお互いに聴く習慣をつけたらどうでしょうか」「なるほど、そうですよね。『それは間違っているのではないか』という指摘ではなく、『どうしてそう思うのか』を聴く。そうすると、わかり合うきっかけになりますね」。主任はすかさずコメントした。

「子どもたちや保護者へのかかわりについて、一日に一〇分でも振り返る時間を、それぞれのクラスでつくったらどうでしょうか」「うちのクラスでは、それは現実的ではありません。全保育士がそろっている時間に、そんな時間はとれません」……いろいろと意見が出た。主任は、「それでは、時間がとれそうなクラスは、一〇分でいいので、必ずその時間をとるようにしてください。無理なクラスは、クラス日誌に気づいたことを書いて、お互いにコメントするようにしてはいかがでしょうか」と提案した。

主任は、最後に、「先ほどの話と同じですが、保育士同士、引っかかりを感じたら、必ず、『どうしてそう思うのか』を聴き合うようにしてくださいね。お互いの意見を主張し合うと、いつまでも噛み合いませんので、『聴き合う』ことが大切です。よろしくお願いします。それから、今日、決めたことを実際にやってみて、来月の会議までにアンケートをとることにします。そこに、よかったことやよくなかったと思うことを書いてください。集計して次の会議の資料にしたいと思います」と締めくくった。

あなたは、これほど一体感を感じた会議は久しぶりであった。Sくんの一件以来、ほかの保育士に対して不信感を抱いていたが、かなり払拭されたような気がした。また、自分自身の情けない気持ちもスーッと消えていくのを感じた。

集団の活性化

誰もが働きやすい職場を望んでいます。これは、全職員に共通する気持ちだといってもいいでしょう。過剰なストレスを感じない、たとえストレスを感じたとしても、仲間たちの支えで軽くすることができる。そして元気に働くことができる。職員たちが明るく元気に仕事ができないことには、利用者や患者、生徒たちにも必ずよくない影響を与えます。その影響がさらにストレッサーをつくり、抜け出せないストレスに陥るのです。

明るく元気に仕事をするためのキーワードは「活性化」だといえるのでしょう。では、どのようにすれば、集団を活性化し、仲間集団へと成長させることができるのでしょうか。

集団を活性化させるためには、まず、集団を変化させることを考えてみます。変化というと、大げさに組織の仕組みや国の制度を変えることをイメージされる人は多いかもしれません。それはかなりたいへんなことです。国の制度など非常に大きなものになれば、あなたの所属している組織やチームがいくら頑張ってみたところでどうすることもできません。組織やチームの仕組みを変えるにしても、いきなりどうすることもできません。小さな変化の積み上げが大切なのです。

リーダーが、「変われ」と号令をかけるだけで変わるものではありません。第三章で示した「変化への抵抗」もあるのです。そこで、さきほど示した「よい集団規範づくり」のような段階を追った方法が必要なのです。

次に、少し観点を変え、集団の活性化のために、「小集団活動」と、それを具体的に進める「集団決定法」を紹介しておくことにします。

小集団活動

小集団活動とは、通称ＱＣ（Quality Control）サークルとも呼ばれています。戦後の経済成長とともに生まれました。焼け野原になったわが国を復興させるためには、まず、人々の福祉とともに物をつくることが最優先の課題でした。そこで、製造業を中心に生産性の向上に力が注がれました。その結果、製品の品質向上を実現し、世界中から高い評価をもらいました。しかし、こうした順調な流れの一方で、大規模化した設備の操作ミスや事故、人工災害も頻発しました。生産性と品質向上、事故や人工災害の防止、すべてに解決策が求められたのです。

それに対する具体的な方法として「小集団活動」が提案されたのです。大きな組織の中に小さな集団をつくり、すべてのメンバーを意志決定に参加させるというものです。多くの企業や職場でこの方法が取り入れられ、大きな成果をもたらしています。

トップダウンとボトムアップ

組織を運営管理する方式は、大きく分けると「トップダウン」か「ボトムアップ」のどちらかになります。トップダウンとは「組織の上層部が意思決定をし、その実行を下部組織に指示する管理方式」。一方、ボトムアップとは「下からの意見を吸い上げて全体をまとめていく管理方式」だといえます。

戦後、トップダウンが主流でした。小集団活動の提案は、その方式の見直しを迫るまさしくボトムアップの方式でした。

ところが、「小集団活動をやってみたがうまくいかない」という批判も出るようになりました。その事例を検討すると、案外単純なミスが見つかりました。

何でもかんでも小集団活動でということで、今までトップダウンでうまくいっていたことも、「小集団で検討しろ」となったわけです。下部の人にしてみたら、「そんなことまで検討させるの？　そんなことは上で決めてよ」となるのです。つまり反感を招くのです。ですから、トップダウンでうまくいくことは、トップダウンで運営すればいいわけです。その見きわめが大切です。

小集団活動の落とし穴

小集団活動をしてボトムアップを図ろうと見きわめても、気をつけないといけないことがあります。下部の人たちから、「ただでさえ忙しいのに、よけいな仕事を押しつけられた」という不満が出ないとも限りません。一方的に「話し合いなさい」と命令が降りてきたのでは、下部の人たちもたまったものではありません。

小集団活動は、質の高いサービスがスムーズに提供されるように話し合う場です。組織やチームの意欲を高めるものでもあるのです。それをきちんと伝えることができなかったら、リーダーや上司、管理者としては失格かもしれません。逆に、反感を招くだけなのです。

集団決定法

さて、小集団活動を具体的に進めるために、「集団決定法」という方法を紹介しましょう。

集団決定法とは、集団での話し合いに加えて、メンバー一人ひとりが「私はこういうことをするぞ」と意思表示する方法です。つまり、集団決定＝集団での話し合い＋一人ひとりのメンバーの意思表示ということになります。

集団決定法がはじめられたのは、第二次世界大戦中のアメリカで、「グループ・ダイナミックス（集団力学）」の創始者として有名なクルト・レヴィンが行った実験（戦争で肉不足のおり、主婦たちに内臓調理をするように働きかけた実験。当時アメリカには内臓を調理する習慣がなかった）が最初だといわれています。以後、多くの実験の結果、集団や集団のメンバーの意識や意欲を非常に高める効果がある方法だとわかりました。

では、何がその効果を高めたのでしょうか。

メンバーの意識の高まり

人は、他人事だと思ったら興味や関心をもつことすらしない傾向にあります。選挙を思い出してください。投票率の高いときもあれば低いときもあります。高いときは、多くの人たちが、社会情勢に興味や関心を寄せているという証拠です。低いときは、多くの人にとってどうでもよく、他人事としてとらえているときなのです。人というのはそんなものなのです。あなたの身近なところにも、こういったことがたくさんあるのではないでしょうか。

ですから、集団での話し合いには、できるだけたくさんのメンバーが参加できるように配慮することが大切になります。たくさんのメンバーといっても、話し合うときは、もちろん小集団の形をとります。複数の小集団をつくったらいいわけです。そして、具体的に自分の問題として、想像をめぐらせて考えてもらうのです。そうすることによって、メンバーが「自分自身の問題」であることに気づき、意識するようになるのです。自分自身の問題である意識が強ければ強いほど、真剣に考えるようになります。

不安の共有

また、集団だと自分以外に複数のメンバーがいますので、いろいろな意見を聴くことができます。メンバーにはそれぞれ個人的な思いがあるでしょう。必要性はわかったものの不安もあるでしょう。話し合いではそれを出し合い共有するのです。

管理者や上司が一方的に説明しただけでは、一人ひとりのメンバーの思いに寄り添ったものにはなかなかなり得ません。そうなると、メンバーが抵抗を感じることもよくあります。

一方、同じ状況の中にいて、同じ方向に向かっている集団では、不安や心配する気持ちをお互いに表現しやすいのです。また、人は、自分の気持ちを口に出し表現することができるとホッとします。その安心感を味わうことが大切なのです。

たくさんの意見や情報

集団だと、一人で考えるよりもたくさんの意見が出てきます。たくさんの情報も得ることができます。ここでは、第二章で示した「主観的な目」を大いに発揮してもいいわけです。つまり、自分自身が感じることを大いに表現するのです。たくさんの主観的な目が集まると、客観的な目に近づきます。ただし、リーダーは、メンバー同士の誹謗や中傷を避けなければいけません。あまりにもマイナスの感情が爆発したような意見が出ることも避けなければいけません。ここは、リーダーの力量が最も問われるところです。

それぞれの立場からの意見や情報がたくさん出てくると、メンバーは、お互いに「なるほど、そういう見方もできるのか」と感じるようになります。つまり新たな気づきが生まれ、発想が広がるのです。また、「お互いに受け容れてもらった」という気持ちにもなります。そうして、さらに安心感が高まるのです。

新しい集団規範から生まれる意思表示

集団で話し合いをしているうちに「仲間意識」が生まれてきます。その雰囲気の中で、それぞれのメンバーが一人ずつ意思表示をします。みなで話し合ったことを受けて、「私はこうしたい」「私ならこれができる。明日からやってみようと思う」などです。頭の中で密かに決意するのではありませんん。あくまでも言葉に表して意思表示をします。これは、仲間への約束になるのです。

私は、少人数の研修では、最後に必ずやっていますが、この仲間に対して約束をする時間は、私も含めてメンバーが一体感を感じる心地よい時間になっています。その集団の中には、「みなそれぞれ頑張ろう」という新しい規範ができているのです。この規範ができれば、各自それぞれの仕事に散っていっても「仲間への約束」を守ることができるようになります。日本人の文化特性でみてきた恥の文化、「誰も見ていないから、しなくても大丈夫」ということにはならないのです。

集団決定法を活用した具体的な事例

では、「事例① ケアマネジャーのあなた」を発展させて、集団決定法をどのように活用していくのかをみていくことにしましょう。

事例 ❶
ケアマネジャーのあなた

あなたは、研修を受ける機会があった。テーマは、「チームアプローチ」。少人数の研修であった。講義のあと、講師の誘導により、六人ずつのグループに分かれ、それぞれのメンバーが現場でやっているチームアプローチの現状と課題について話し合った。同じような問題を抱え、悩んでいる人が多かった。そのあと、講義と話し合いの内容を振り返りながら、それぞれのメンバーが、これからどのようにチームアプローチを進めていこうと思うかについて意思表示をし合った。

あなたは、「これだ」と思った。「この研修のやり方を真似たらいいんだ」。あなたは、他のメンバーの意思表示を聴き、あなた自身も意思表示をすることによって、これからどうしたらいいのかが具体的に見えてきた。

あなたは、さっそく、困難な利用者にかかわっているチームで、この方法を活用することにした。

利用者Kさんは、八二歳の女性。重症筋無力症という難病で、一五年間闘病生活を送ってきた。徐々に筋力低下が進み、お世話をするのがかなりたいへんになってきた。夫は五年前に亡くなり、同居しているのは、五六歳の長男であった。長男は、約一〇年前に離婚後、Kさんの世話をしながら二人で暮らしている。不規則な仕事をしていて、経済的にも不安定であった。長男は、Kさんの病気に対する理解が不足していて、「本人の気持ちの問題だ」と言う。この病気は、一日のうちでも調子の波があるが、長男は、「甘えて、できることもしようとしない」と認識している。また、長男は、自分が気に入らないホームヘルパーは、「代えてくれ」とあなたに迫る。ヘルパー自身も、長男の罵声に耐えられず、自ら辞めていく。現在のヘルパーは八人目である。さらに、あなたは、「デイサービスで趣味などに取り組み、刺激を受けたらどうか」と再三提案するが、「金がない」と長男が拒否する。Kさんは、「長男の言うとおりにしてください」と言う。現在、Ｋさんと長男の暮らしを支えているチームのスタッフは、ケアマネジャーであるあなた、ホームヘルパー、訪問看護師、保健師、主治医であった。

あなたは、サービス担当者会議を招集した。今回は、Ｋさんや長男には、参加してもらわず、スタッフだけで行った。

放っておくと、長男に対する愚痴の言い合いになることが予想された。そこで、あなたは、「今日は、Ｋさんや長男さんが、なぜ私たちをこんなに困らせるのか、二人の置かれてらっしゃる状況や気持ちを考えてみたいと思います」と会議の趣旨を説明し、長男への非難は控えてほしいと念を押した。

Ｋさんは、戦後の混乱期に結婚し、夫を支え、子どもたちを育ててきたこと。長女と次男を相次いで亡くし、長男に愛情を注いだこと。長男は、人間関係づくりが苦手で、職を転々としてきたこと。晩婚だったが、結婚して数年で妻のほうから離婚を迫られたこと。Ｋさんは、それでも、夫を亡くしたあとは、長男を一家の主として立ててきたこと。長男はＫさんに対して、よく声を荒げているが、Ｋさんは「優しい子」だと長男をかばうこと……あなたは、知っている限り、Ｋさんや長男が、今までどんな暮らしをしてきたのかを説明した。そして、「今、二人は、どんな気持ちで暮らしているのか、二人はどんな親子関係なのかを想像してほしい」とスタッフに働きかけた。

すると、「Ｋさんは、昔の人で、ご主人や長男を立てて生きてきたのだということがよくわかりました。ですから、自分でどうしたらいいのかを決めることができない人なのかもしれません」「Kさんは、職を転々としたり、遅くまで結婚できなかったり、結婚できたと思ったら、離婚を迫られたりという長男さんのことが、母親として不憫《ふびん》でたまらないんじゃないでしょうか」「長男さんは、兄弟が相次いで亡くなって、お母さんの愛情が自分に一手に注がれたことを、よくわかっていると思います。だから、お母さんを大切にしたい。でも、気丈だったお母さんが、今、病気が進んで動けない状態で、昔とのギャップが大きい。そんなお母さんの姿を受け容れることができないのかもしれません。だから、つい声を荒げてしまうのではないでしょうか」「長男さんは、自分をかわいがってくれたお母さんの世話をしっかりしたい。でも、仕事がうまくいかなくて、生活費を思うように稼げない。だから、すごく大きな葛藤を抱えているのではないかと思います」「ひょっとしたら、長男さんは、そんな自分が情けなくて、卑下しているのかもしれません。だから、私たちスタッフの言葉が、長男さんには非難に聞こえるのではないでしょうか」……実にいろいろな意見が出された。いつしか、あなたをはじめスタッフ全員が、顔を寄せ合って、真剣にKさんと長男の気持ちを考えていた。

「ずいぶんたくさんの意見がでてきました。みなさんの意見を聴いていて、私はケアマネジャーとして、ほとんどKさんや長男さんの気持ちを考えることができていなかったような気がします」。あなたがそう言うと、「私もそうです」とヘルパーも訪問看護師も声をそろえて言った。

「ところで、先生、Kさんの予後はいかがなものでしょうか?」。徐々に進行する難病の今後について、あなたは、主治医に質問した。「最近はいい薬ができたもので、急激に進むことはないと思います。ただ、もうお歳なので、衰えはほかのお年寄りと同じようにあるでしょう。でも、将来、病気が進んで亡くなるというより、天寿をまっとうされるように思います」

「それでは、今まで出された意見をふまえて、それぞれ自分の立場や役割で、Kさんや長男さんにどのようなかかわりができるのかを考えてみてください」。あなたは促した。

「私は、保健師として、特定疾患（重症筋無力症）の手続きのため、毎月長男さんにかかわる機会があります。ですから、長男さんの気持ちを一番聴きやすい立場にあると思います」。保健師は、自らそう言った。

「私は、今まで何度か、Kさんの前で、長男さんを非難するようなことを言ってしまったことがありました。Kさんもつらかったでしょうね。反省です。これからは、Kさんに、長男さんやご主人のこと、それに、これまで、どんな人生を歩んで来たのか、身の回りのお世話をしながら、聴いてみようと思います」。ヘルパーは、反省の気持ちを込めて言った。

「私は、先生とこまめに連絡をとりながら、長男さんにお母さんの状態を伝えていこうと思います。お母さんご自身よりも、長男さんのほうが、病気の受け容れができていないように思いますので、その気持ちを聴いていくことにします」。訪問看護師は主治医に目配せしながら言った。

主治医は、「今日は、みなさん、人が違うみたいですね」と冗談を言いながら、「今度のサービス担当者会議で、重症筋無力症の勉強会をしましょうか。もちろんKさんも長男さんも一緒に……」と提案した。

あなたは、スタッフの発言を聴いて、涙が出そうなぐらいうれしく思った。今まで、背景にいろいろな事情を抱えて、うまくいかなかったチームだったが、今日、はじめて一つになったような気がした。サービス担当者会議は、スタッフみなの笑顔の余韻が残る中、散会した。

集団の成長段階

「よい集団規範づくり」や集団の活性化のための「小集団活動」、また「集団決定法」について紹介してきました。しかし、どのような集団でも、これらが有効かというと、必ずしもそうではありません。「みなお互いに無関心で、自分のことしか考えていない」「うっかり発言をすると何を言われるかわからない」といった雰囲気のある集団では、意見を出し合って前向きに話し合うことすら困難です。つまり、紹介したような方法が成り立つためには、集団がそれなりに成長している必要があるのです。では、成長した集団とは、いったいどのようなものなのでしょうか。ここでは、集団が、どのような段階を追って成長していくのかについて考えていくことにします。その成長の段階は、組織やチームが「仲間集団」へと成長していく過程なのです。

①お互いに探り合う段階

組織やチームに数人の新しいスタッフが加わった、あるいは、お互いに知らないメンバーがはじめて顔を合わせたといった会合で、いきなり集団として、目的に向かって活発に動き出すということは難しいかもしれません。お互いにメンバーがどんな人なのかがわからない状況です。いかにも気が強そうで、顔を見ているだけで圧倒される。逆に、気が弱そうで、少しきついことを言われると泣き出しそう。いろいろな人がいます。しかし、人は見かけだけでは判断できません。あなたも経験として知っていることでしょう。ですから、ほかのメンバーに探りを入れます。

しばらくは、このような状態が続きます。こんなときに、自分でも情けないと思っていること、深く思い悩んでいることを告白する人はほとんどいないでしょう。天気の話などお互いに当たり障りのない話をしながら、相手の反応をうかがうのです。

集団は、最初、こうした「お互いに探り合う段階」からはじまります。このような段階で、効果的な話し合いを期待するのは難しいのです。

②集団として成り立つ段階

探り合う段階がいつまでも続いたのでは、仲間集団としての成長は望めません。また、仕事もはかどりません。お互い名前を知り、プライベートな話もして、気心が知れていきます。また、組織やチームは、必ず目的をもってつくられているので、その目的を達成するために、話し合いも行われます。新しく加わったメンバーは、元からいるメンバーに仕事の流れを教えてもらいます。そして、次第に集団としての関係が築かれていきます。

お互いに気心が知れ、関係が築けてくると、お互いに話しやすくなります。自分の意見も言いやすくなります。気が合わないと感じても、目的は共有しているわけで、会議や日常の仕事を通して、仕事上の気心は知れていきます。「どうせやるなら楽しくやろう、気持ちよくやろう」という気運も高まります。みな仲良く、和気藹々《あいあい》と仕事をしようという気持ちが支配的になり、周りからも楽しそうに見えます。ここまでくると、共有する目的達成に向かって、集団としてのまとまりができてきたことになります。集団として成り立ち、「仲間集団」と呼べるかもしれません。

③お互いに成長する段階

しかし、ここからが問題なのです。気持ちよく楽しいだけでは、集団としても個人としても成長は望めないのです。成長のためには、メンバー同士がお互いに刺激をし、励まし合う必要があります。お互いの成長を願うのであれば、ときには厳しい指摘をし合うことも必要になります。その際、激しい意見の交換もあるかもしれません。

ここで、第三章で示してきた課題の克服が求められます。特に、日本人の文化的特性から、仲間意識が生まれることで、指摘しづらくなることなどが、この段階への成長を邪魔するかもしれません。ですから、あえて課題を共通認識し、「じゃあ、どうしようか」という話し合いをする必要があるのです。

この段階では、「気持ちがいい」「楽しい」だけではなく、あまりにもストレートなほかのメンバーからの指摘に対して、「腹立たしい」「情けない」といった気持ちを抱くことにもなるのです。しかし、よく考えてみると、ほかのメンバーからの指摘は当たっています。自分では気づかなかったことかもしれません。自分が成長するためのヒントかもしれません。この段階まで集団が成長していると、ストレートな指摘も受け容れることができるようになるのです。

ここまでくると、激しいやりとりも、エネルギーに満ちた情熱的な議論だと思えるようになります。すると、お互いに指摘をし合うことによって、すっきりとした気分を味わうことができるようになるのです。質の高い話し合いで議論は深まり、たくさんのアイデアも出てくるのです。

以上のような「仲間集団」としての成長は理想かもしれません。しかし、前向きに気持ちよく、そして効果的に仕事をするためにも、少しでも理想に近づけるように努力をしたいものです。一人ひとりのメンバーの対人援助職としての成長をもたらし、結果的に、燃え尽きを防ぐこともできるのです。

「話し合いをすれば、みな好き勝手なことを言ってまとまらない」という話をよく聞きます。これは、未だに「お互いに探り合う段階」にいて、みな自分を守ろうとしている典型的な例なのです。

グループワーク

段階を追って集団を成長させ、そのことによって、一人ひとりのメンバーの成長を図り、問題解決をしていくために、「グループワーク」という方法がたいへん役に立ちます。先ほど、二つのあなたの事例を発展させましたが、実は、保育士のあなたの職場の主任も、ケアマネジャーのあなたも、グループワークをしていたのです。小集団活動も集団決定法も、グループワークの専門技術を活用することで、より効果的なものになります。

そこで、本章のまとめという意味で、組織やチームを「仲間集団」として成長させるために、改めてグループワークとは何か、どのように進めたらいいのか、その際のポイントなどについて、整理をしておくことにします。なお、ここでは、「集団」のことを「グループ」と表現することにします。

グループワークとは

「グループワーク」という言葉から、グループで何か作業や活動をするというイメージをもつ人は多いかもしれません。しかし、ここで、私が示したい「グループワーク」とは、単なるグループでの作業や活動ではなく、人を支援する援助技術の体系を意味しています。それは、利用者や患者、生徒などを対象とする場合はもちろんですが、それだけではなく、援助者の組織やチームを集団として育て、一人ひとりのメンバーの成長を図る場合にも活用することができます。その際のリーダーは、グループワークの専門技術を身につけた「グループワーカー」でもあるのです。

本章の冒頭で、集団には不思議な力があることを示しました。思いもよらない力が働くとも示しました。グループワークの専門技術は、こうした集団の力を意図的に活用して、集団を成長させていくものです。ただし、「集団の成長」は、あくまでもグループワークの手段なのです。目的は、一人ひとりのメンバーの成長や問題解決を図るところにあります。手段と目的とを取り違えないように気をつけないといけません。

私は、学生時代に、ボランティアとしてキャンプリーダーをしていました。キャンプ場に行ったら、いろいろと世話をしてくれたり、ゲームをして楽しませてくれる、いわゆる「キャンプのお兄さん」です。私がやっていたのは、主に障害をもった子どもたちのキャンプでした。また、障害をもたない子どもたちとの統合キャンプもしていました。

障害をもった子どもたちの場合は、一つのグループを複数のキャンプリーダーで担当します。障害をもたない子どもたちの場合は、一〇人ぐらいのグループを一人で担当するのです。私が、はじめて障害をもたない子どもたちのグループを担当したときのことでした。私は、子どもたちをまとめ、よいグループにしようと必死でした。ところが、子どもたちは、バラバラでまとまろうとしません。私は、子どもたちを追いかけ回し、グループに引き込もうとしました。でもダメでした。私はヘトヘトになりました。食事のときも、本来楽しいはずなのに、みな元気がありませんでした。

一方、先輩のグループは、活気に満ちあふれていました。みな仲良くまとまり、元気いっぱいです。先輩をふと見ると、大きな石の上に座って、ニコニコしながら子どもたちを眺めているだけでした。食事のときも、子どもたちは、率先して準備し、いかにも楽しそうでした。「先輩は、どうやってグループづくりをしているのだろうか」と不思議に思いました。

キャンプ場では、毎晩スタッフミーティングが行われました。私は、先輩やスーパーバイザーに相談をしました。そして、アドバイスに従って、子どもたちとかかわりました。次第にグループはまとまってきました。子どもたちも笑顔を見せてくれるようになりました。追いかけ回さなくても、「グループの一員だ」という自覚をもって行動してくれるようになりました。

やっとわかりました。私は、一人ひとりの子どもを見ていなかったのです。よいグループにしようと、グループづくりばかりを考えていました。一人ひとりの子どもたちと顔をつき合わせ、話を聴く。そして、一人ひとりの子どもたちを固有の存在として認める。そうすると、自ずとグループがまとまってきたのです。グループがまとまると、ますます、一人ひとりの子どもたちも元気を出していきます。そうしたよい循環が起こってきました。

私は、身をもって、グループづくりは手段であることを知りました。目的は、一人ひとりのメンバーの成長なのです。目的達成のためには、一人ひとりのメンバーを大切にする。いわば「個人の尊重」をしないことには、よいグループにもならないし、メンバーの成長も図ることはできないのです。私は、学生時代に、身をもって「グループワークのあり方」を学びました。

グループワークの専門技術（リーダーとしての役割）

「集団の不思議な力」を活用し、よいグループをつくっていくためには、また、そのグループをそれぞれのメンバーの成長に向けて活用するためには、いくつかの大切なポイントがあります。ここでは、そのポイントを分類し、整理しておくことにします。これは、グループワークの専門技術になるのです。また、リーダーとしての役割でもあるのです。

①まとまりのあるグループをつくる

グループは、何らかの目的があってつくられます。グループそのものの目的は、共有できているかもしれませんが、メンバーのグループに対する思いは、みな違うかもしれません。まずは、初期の段階で、それぞれのメンバーが、グループにどのような期待や不安をもっているのかを出し合い、共有します。そのために、リーダーは、率先して受容的な雰囲気をつくっていきます。そのリーダーの態度や姿勢が、メンバーがお互いに受容的に話を聴き合うお手本になるのです。

また、メンバー自身が、お互いに助け合って、これからいろいろな形で生じる問題を解決していく意識をつくります。そのためには、「お互い助け合いましょう」「私たちで問題を解決していきます」などの声かけをしっかり行います。このときに、「あなたたち」ではなく、「私たち」あるいは「われわれ」という言葉を使うことが大切です。そのことによって、無意識のうちに仲間意識が高まるからです。

②グループの圧力をうまく活用する

第三章で、「集団の圧力」が課題となることを示しましたが、逆にうまく活用することによって、グループは成長します。

まず、初期の段階で、グループのルールを申し合わせます。「時間には遅れないようにする」「ほかの人を批判しないようにする」「ほかの人の話に口をはさまない」「非現実的なことは言わない」など、基本的なルールです。「大人だから必要ない」と思うのは間違いで、逆に、大人だからこそ基本的なルールを申し合わせておかないと、不都合なことが起こるのです。そして、ルールを守るように働きかけます。

また、グループの規範に気づくように、グループ全体や一人ひとりのメンバー、メンバー同士の関係をよく観察します。そして、よい規範は、言葉にしてメンバーに示し、これからも維持できるように声かけをします。よくない規範は、先ほど示した方法で、よい規範に変えていきます。

さらに、ルールやよい規範は、グループの圧力となりますが、グループの状況をよく観察しながら、その圧力を強めたり、弱めたりして、グループの成長に活用します。

たとえば、「順番に話さなければならない」という規範があるとしましょう。みなが意見を言うためには、よい規範なのですが、ときには、よくない規範になるときもあるのです。今日の話題は少々重く、話したくなさそうにしているメンバーがいるなどという場合、「順番に話さなければならない」という規範は、そのメンバーにとって、たいへんなストレスになるのです。ですから、そのような場合は、「今日の話題は少々重いので、順番に話すのはやめて、話したい人だけにしましょう」、あるいは、「今日も順番に話しますが、話したくない人はパスしてもいいことにしましょう」などと圧力を緩めます。リーダーには、その雰囲気を読みとるセンスが求められるのです。

③メンバー同士の関係を大切にする

まず、メンバー同士で情報を交換できるように促します。たとえば、ある利用者のことについて会議をしているとしましょう。担当者であるあなたが知らないことを、ほかのメンバーが知っているということもあるのです。職種が違えば、当然、知っていることも違ってきます。同じ職種であったとしても、特に、施設などの場合、あなたは二四時間ずっと勤務をしているわけではありませんので、あなたが知らないことをほかの職員が知っているということも当然あり得るのです。

また、メンバー同士で情報交換を行う際に、相互に気持ちを通わせるような働きかけも大切になってきます。「仕事だから気持ちの交流など必要ない」という考えもあるかもしれません。しかし、気持ちが行き来しないグループでは、お互いに喜び合うこともできない、悔しい思いを分かち合うこともできなくなり、きわめてつながりの弱いグループになってしまいます。

さらに、グループの目的を達成するために話し合いますが、その際、メンバー同士の関係がよいものになるように働きかけるのです。そのときの具体的な専門技術として、たとえば、Aさんの発言を受けて、「Aさんは、このことについては○○な気持ちなんですね」と、Aさんに確認しながら、ほかのメンバーを見渡し周知するといったことなどがあげられます。

④リーダーシップを分かち合う

グループができて最初の頃は、メンバーはよそよそしく、お互いに探りを入れ合うようなところがあります。その段階では、リーダー自身が、しっかりリーダーシップを発揮する必要があります。

リーダーシップは、大きく分けると二種類あります。一つは、グループをぐいぐい引っ張っていく機能。これを「パフォーマンス機能（P機能）」といいます。もう一つは、グループの雰囲気をよいものにする機能。これを「メンテナンス機能（M機能）」といいます。

どちらの機能が欠けても、グループは成長していきません。初期の段階では、特にリーダーに、両方のリーダーシップが求められるのです。

次第に、グループとして成り立ってくると、メンバーに役割を与え、リーダーシップを分かち合うことも大切になります。「今日の話題は、Aさん、あなたの得意な分野だから司会をお願いします」「Bさん、今日は責任をもって記録をとってください」「Cさん、今日の片づけは、あなたがリーダーになってよろしくお願いします」などと役割を与え、リーダーシップを発揮してもらいます。

また、そういった役割分担をしなくても、リーダーシップを分かち合うことはできます。つまり、何気ない話し合いでも、リーダーシップを分かち合うことはできるのです。メンバーの誰かが、「今日は時間もないことだし、とりあえず、Aさんの提案でやってみよう」と言えば、それはP機能のリーダーシップを発揮したことになるのです。また、話し合いが行き詰まっているときに、誰かが冗談を言って、グループの雰囲気を和やかにすれば、M機能のリーダーシップを発揮したことになるのです。

私が、かつて大学で教員をしていたとき、こんなことがありました。少人数の演習クラスで話し合いをしていました。そのときに「リーダーシップ」が話題にあがりました。ある女子学生が、「私は、子どもの頃から一度もリーダーシップを発揮したことがありません」と言いました。その学生は、大人しく、順番が回ってこないと発言をしません。小柄で、とても可愛い顔をし、話し方は穏やかでした。彼女が話すと、クラスの雰囲気がとても和やかになるのです。私は、次のようにコメントしました。「あなたが話すと、みないい顔するでしょ。これがリーダーシップなんですよ。あなたは大人しいし、あまり発言しないけれど、たまに発言するとみなを和ませるから、一日に一回発言すれば、あなたはちゃんと役割を果たしている」

⑤サブグループを適切に取り扱う

グループには、放っておいても必ずサブグループができます。サブグループとは、大きなグループの中にできる小さなグループのことです。どのような組織でも、役割分担をして業務を進めるために、「○○係」や「△△委員会」などのように、意図的にサブグループをつくります。また、自然発生的なサブグループも必ずできます。たとえば、一緒に昼ご飯を食べるサブグループ、休憩時間には、喫煙所でたばこを吸うサブグループ、プライベートでよく飲みに行くサブグループ……あなたの組織やチームにも必ずあるでしょう。

まず、サブグループが組織やチーム、ほかのサブグループに対してどのような影響を及ぼしているのかを見きわめます。よい影響、たとえば、組織やチーム、ほかのサブグループをうまく引っ張っているということであれば、そのまま維持しておいても支障はありません。ところが、いくつかのサブグループがお互いに排除し合っている場合など、組織やチーム全体によくない影響を与えていることもあるのです。

そのような場合、プライベートはともかく、業務では、サブグループを意図的につくりかえる必要があります。

⑥グループ内の葛藤を適切に取り扱う

人が複数集まると、必ず孤立するメンバーが現れます。話し合いの場には出席しているが、まったく意見を言おうとしない。一人だけ椅子を引いて、輪の中に入ろうとしない……などです。「たまたまその日、体調が悪くて孤立しているようだったが、次からはまったく問題がなかった」ということであれば、何も対処しないでもいいかもしれませんが、孤立している様子が続くようであれば、対処をする必要があります。

まずは個別に、グループ、あるいは、ほかのメンバーに対して、何か引っかかりを感じていないかどうかを聴きます。そこで、その引っかかりが、もしグループ全体で話し合ったほうがよいと判断されれば、グループの話題として取り上げます。個人的な問題であれば、個別に対応を続けます。

また、グループには、必ず何らかの形でメンバー同士のトラブルが生じます。表だって生じなくても、水面下で火花が散っているということはよくあることです。これは「グループ内に生じる葛藤」だといえます。リーダーは、そうした葛藤があることを知ると、「どうしようか」と悩むものです。しかし、葛藤は、避けて通るものではありません。解決するものなのです。避けて通っていれば、いつまでも葛藤はなくなりません。グループのメンバーが、話し合いをすることによって解決することができれば、よりいっそう強いつながりをもつグループに成長していくのです。

⑦グループを活性化する

先ほど、集団を活性化するために、小集団活動や集団決定法を紹介しましたが、もう少し細かく、グループワークの専門技術を示すことにします。

まず、話し合いなどをするたびに、メンバーから、「今日の話し合いはどうだったか」と感想や気づいたことを言ってもらいます。集団決定法では、「意思表示」をすることが大切でしたが、さらに、感想や気づいたことを言ってもらうとよりいっそう効果的です。なぜならば、一人ひとりのメンバーにしてみれば、自分では気づかなかったことに、ほかのメンバーが気づいていることもあるのです。それを聞くと、「なるほど、そういうこともあるのか」と発想が広がるのです。

また、さきほど、規範やルールによる圧力を強めたり弱めたりして、うまく活用すると示しましたが、必要に応じて、規範やルールを柔軟に変えていくことも、グループを活性化することにつながるのです。

さらに、プログラムを工夫することも有効です。プログラムとは、グループで行われるあらゆる活動のことをさします。プログラムを工夫し、メンバーの関心を引き出す、あるいは、メンバーの関心のある活動を行います。はじめてメンバーが集まったときに行う自己紹介一つとっても、そのやり方を工夫することで、メンバーの関心を大いに引き出すことができます。たとえば、これは、私がよくやる方法ですが、二人組をつくり、お互いにインタビューし合って、お互いの情報を得ます。

そして、ペアになった相手の人をほかのメンバー全員の前で紹介します。その際、インタビューをしてみてどのような印象をもったかも話してもらいます。この方法をずいぶん数多くやってきましたが、今までに、悪い印象を話した人は一人もいませんでした。

プログラムで使う小物や道具も工夫します。ホワイトボードを使ったり、模造紙を使ったり、ときには、低い音量で音楽を流したり……いろいろと工夫をし、グループを活性化していくのです。

⑧お互いに助け合う仕組みをつくる

「お互いに助け合いましょう」と、常々声をかけていくのですが、それだけでは、現実的に助け合う仕組みをつくることはできません。お互いに助け合うには、リーダーとして、グループワークの専門技術を発揮する必要があるのです。

まず、それぞれのメンバーが抱えている問題などの共通しているところと、違うところを明確にしていきます。たとえば、ある利用者のことで、チームの全員が困っているとしましょう。「困っている」という点では、共通しているのです。ところが、困っている気持ちの中身はみな違います。職種によっても違うでしょう。経験年数によっても違うでしょう。性別によっても違うでしょう。得手不得手、性格や価値観といった個人的な事情によっても違うでしょう。組織やチームのスタッフは、みな抱えているものが違うので、困り方は違って当然なのです。その違いを明らかにすることが大切なのです。そして、メンバーがお互いに違いを認識し、それぞれの困っていることを解決するために、みなで考えるのです。

そのためには、メンバー同士のコミュニケーションを活発にすることが大切になってきます。グループの初期の段階では、リーダーとそれぞれのメンバーの一対一のコミュニケーションが目立ちます。リーダーが質問し、メンバーAが答える。リーダーが質問し、Bが答える……といったパターンです。お互いに助け合う仕組みをつくるためには、メンバー同士がコミュニケーションをとることができるように働きかけます。たとえば、「今、Aさんがおっしゃったことについて、ほかの方々から、ご質問やご意見などをお願いします」などと促すのです。

すると、自ずとリーダーの役割が変わってきます。メンバー自身がグループを運営するようになり、リーダーは裏方になってくるのです。

⑨お互いに助け合う仕組みを活用する

メンバーに共通しているところだけではなく、違うところを明確にしようとすると、それぞれのメンバーの個人的な問題が出てくることがあります。お互いに助け合う仕組みをつくる段階になれば、自ずと受容的な雰囲気ができていますので、個人的な問題を出しやすくなるということもあるのです。

個人的な問題がメンバーから出てくることは、ほかのメンバーにとっても、自分自身の個人的な問題に気づくきっかけになります。たとえば、よく大声を張り上げ、怒鳴り散らす利用者Nさんのことで、チームのスタッフが話し合いをしているとしましょう。みな、対応に困っています。メンバーAが、「今、話し合いをしていて気づいたのですが、私は、子どもの頃から大声を張り上げ怒鳴る人を軽蔑していました。両親にそれはいけないことだと教えられてきたからだと思います。ですから、どうしてもNさんに嫌な感情を抱いてしまうのです」。それを聴いていたBが、「今、Aさんの意見を聴いてハッとしました。実は、一〇年前に亡くなった私の父親がNさんのような人でした。よく怒鳴られました。叩かれたこともよくありました。いつも父親に対してビクビクしていました。いつも顔色をうかがっていました。そんなことがあるので、どうしてもNさんが怖くて近づけないのです」。これらは、まったく個人的な問題です。Nさんへの対応で困っている背景には、こうした個人的な問題が潜んでいる場合が少なくないのです。ですから、リーダーは、それぞれのメンバーが個人的な問題に気づくように働きかけていきます。そして、それぞれのメンバーの問題解決のために、全員で話し合うのです。その話し合いの過程がとても大切になります。たとえば、Aの問題解決の話し合いが、ほかのメンバーの問題解決のヒントを生み出すことがよくあるからです。

それぞれのメンバーの問題解決の方法が見つかれば、それを実践します。そして、次に集まったときに、実践してどうだったかということを、お互いほかのメンバーに報告をするように促すのです。

九つに分けて、グループワークの専門技術について示してきました。これらは、一人ひとりのメンバーが、対人援助職として抱えている問題を克服し、専門性を発揮することができるように、組織やチームを仲間集団へと成長させる専門技術なのです。リーダーの役割だともいえます。

第四章のおわりに

組織やチームを仲間集団へと成長させる具体的な方法を紹介してきました。いずれにしても、リーダーの役割が大切になってきました。

ところが、「私は、リーダーではない」、あるいは、「リーダーにはなれない状況だ」という人も多いかもしれません。その場合は、無理をして、あなた自身がリーダーになる必要はないのです。本書を活用して、組織やチームを仲間集団に成長させようというきっかけをつくることに努力すればいいのです。いわば、あなたは、そのきっかけをつくる仕掛け人なのです。そして、リーダーの役割は、上司なり先輩なり、また、ほかの専門職なり、その役割にふさわしい人に任せます、あるいは、お願いすればいいのです。

また、こうした考え方もできます。確かに、あなたが所属する組織やチームだけを見ると、とてもリーダーにはなれないし、仲間集団へと成長させることを言い出せない状況にあるかもしれません。でも、よく考えてみてください。あなたが悩んでいることを相談し、問題解決について一緒に考えてくれる仲間たちがどこかにいませんか。仕事として所属している組織やチームの枠を超えてもかまいません。学生時代に一緒に勉強した仲間たち、あるいは、何かの研修で知り合い、意気投合した仲間たちでもかまいません。その仲間たちも、きっと何らかの悩みを抱えているでしょう。そうした仲間たちが、お互いのために知恵を出し合い、問題解決する方法を一緒に考える集まりをもつことはできないでしょうか。あなたは、その集まりのリーダーになることができるかもしれません。あるいは、その仲間の中に、リーダーにふさわしい人がいるかもしれません。そうした集まりでも、本章で示してきたような方法を活用することができるのです。

第五章では、リーダーがグループワークの専門技術を活用し、仲間で支え、高め合っていく、そして、仲間の力を借りて、あなたは、対人援助職としての専門性を高めていく、そうしたいくつかのパターンの事例を紹介することにします。

第四章のポイント

よい集団規範づくり

●よくない集団規範（暗黙の了解）の改善
　↓　よい集団規範　↓　今後の集団の常識
●よい集団規範づくりの段階
①第一段階……自分たちの規範の現状を知る
②第二段階……自分たちのよくない規範の現状を認識する
③第三段階……改善する現実的な方法を考える
④第四段階……考えた方法を実行する
⑤第五段階……実行した結果を評価する

集団の活性化

●小集団活動……ボトムアップの組織管理方式
●集団決定法……集団での話し合い　＋　メンバーの意思表示

集団の成長段階

①お互いに探り合う段階……お互いに相手の反応をうかがう
②集団として成り立つ段階……共有する目的達成のためのまとまりができる
③お互いに成長する段階……お互いの厳しい指摘、意見の交換
　↓　「集団」としての課題の克服

第四章のポイント

グループワーク

- グループワークとは……集団の不思議な力を活用し、メンバーの成長を図る
- 集団の成長はあくまでも手段であり、目的は一人ひとりのメンバーの成長
- グループワークの専門技術　↓　リーダーの役割

①まとまりのあるグループをつくる
②グループの圧力をうまく活用する
③メンバー同士の関係を大切にする
④リーダーシップを分かち合う
⑤サブグループを適切に取り扱う
⑥グループ内の葛藤を適切に取り扱う
⑦グループを活性化する
⑧お互いに助け合う仕組みをつくる
⑨お互いに助け合う仕組みを活用する

第五章

仲間で支え、高め合う

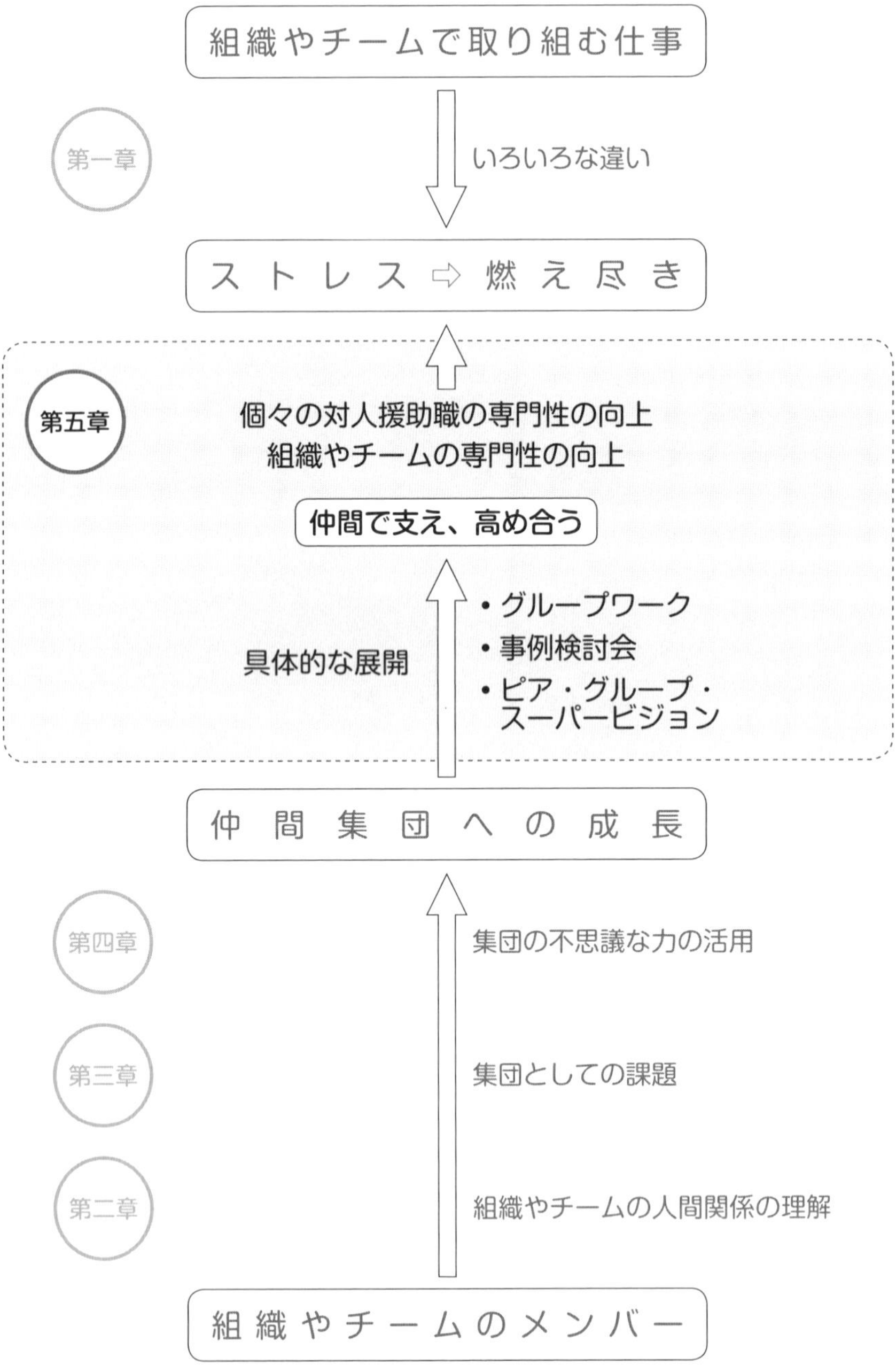
組織やチームで取り組む仕事
第一章
いろいろな違い
ストレス ⇨ 燃え尽き
第五章
個々の対人援助職の専門性の向上
組織やチームの専門性の向上
仲間で支え、高め合う
具体的な展開
・グループワーク
・事例検討会
・ピア・グループ・スーパービジョン
仲間集団への成長
第四章
集団の不思議な力の活用
第三章
集団としての課題
第二章
組織やチームの人間関係の理解
組織やチームのメンバー

グループワークの専門技術の活用

第四章で紹介したグループワークの専門技術は、リーダーが、いろいろな場面で活用することができます。

ここでは、「事例② 看護師のあなた」を発展させて、数回にわたるグループワークの典型的な例をみていくことにします。

事例❷

看護師のあなた

あなたは、途方に暮れている気持ちを主任に打ち明けた。主任は話を聴いてくれた。はじめてゆっくり主任と話したが、人の話をよく聴いてくれる穏やかな人だということがわかった。

退院支援についての疑問を話したとき、主任の目が光ったように感じた。主任も同じような疑問を抱いているような気がした。あなたは、ソーシャルワーカーの「ちゃんと退院支援のことをわかってくれているのは、あなたの病棟じゃ主任さんぐらいかな」という言葉を伝えた。「そう、ソーシャルワーカーさんは、そんなこと言っているの。それは何とかしないといけないわね」。主任は、真剣にあなたの話を聴き、言ってくれた。

「退院支援について、病棟で意思統一をしたいのですが、どうしたらいいでしょうねえ」。主任は、相談室にあなたを連れて行き、年長のソーシャルワーカーAに相談をもちかけた。あなたも、主任を前にして、抱いていた疑問や思いを熱く話すことができた。

①準備期

ソーシャルワーカーAは、しばらく考えていたが、主任を見て言った。「主任さん、逆に相談なのですが、各病棟の主任さんを中心に、退院支援についての勉強会をすることは可能でしょうか」「そうねえ、業務として勤務時間内にすることは、今の体制じゃ無理だけど、自主的な勉強会ならできると思います。それに、自主的な勉強会なら、勤務調整をして、この子のような退院支援に関心の高い看護師にも参加してもらうことができると思います」

しばらく勉強会についての意見交換をし、「自主的な勉強会とはいうものの、主任から病棟師長に伝え、師長から看護部長に了解をもらっておくこと」「相談室が主催すること」「相談室でチラシを作成すること」「主任からほかの病棟の主任に根回しをしておくこと」「二週間に一回、五回にわたって勉強会を実施すること」「日勤の勤務が終わる一七時三〇分からはじめること」「一回あたり二時間以内に終わること」「勉強会をはじめるのは二か月先で、その前に全看護師にアンケートをとること」「アンケートのあと、参加の希望を募ること」「記録を各病棟、医局、リハビリ部門に配布すること」などが確認された。

さっそく、ソーシャルワーカーAは、無記名のアンケートを作成した。あなたも勤務時間を避けて手伝った。アンケートは、各病棟の主任の協力により、一週間で回収することができた。ソーシャルワーカーやあなたが想像していたとおり、退院支援についての意識はバラバラだった。あなたの手伝いのもと、ソーシャルワーカーは集計をした。そして、集計した内容を折り込み、勉強会のメンバーを募集するチラシを作成した。あなたはパソコンが得意だったので、ソーシャルワーカーが驚くほど見栄えのいいチラシができた。

四つの病棟から四人の主任のほか、あなたを含め八人の看護師、合わせて一二人から参加希望が出された。ソーシャルワーカーは、改めて一二人にアンケートを実施した。「退院支援について思っていること」「勉強会に期待すること」「勉強会に参加することで不安に思うこと」などだった。今度は名前も書いてもらった。

二人のソーシャルワーカーとあなた、それにあなたの病棟主任は、四人でアンケートを読みながら、勉強会の目的を確認し、どのように勉強会を進めるかについて打ち合わせをした。また、参加希望のそれぞれの主任や看護師の思い、期待や不安を確認した。このメンバーで話し合いをしたら、どのような雰囲気になるかも想像してみた。二人のソーシャルワーカーは、このメンバーで勉強会を進めたら、事務局としてどのような感情が沸いてくるかも想像していた。

ずいぶん温度差があったので、まず一回目は、それぞれの思いを正直に話してもらって、参加者で分かち合うようにすることを申し合わせた。司会は、年長のソーシャルワーカーAが、記録は、年少のBがすることになった。

②開始期

「チラシにも書かせていただきましたが、退院支援についてアンケートをとったところ、病棟や看護師さんによって、ずいぶん考え方の違いがあることがわかりました。今までもそうでしたが、これだけ違いがあると、退院されるときに複雑な調整が必要な患者さんの場合、そのたびに、スタッフ間でトラブルが起こるように思います。トラブルが起こると、お互い嫌な気持ちになり、しんどいですね。そのことで、何よりも患者さんに迷惑がかかります。そこで、退院支援について共通認識をして、スタッフも気持ちよく働き、患者さんにも気持ちよく退院してもらう方法を一緒に考えたいと思います」。ソーシャルワーカーAは、勉強会の趣旨について説明した。そして、「ここには、先輩や後輩、上司や部下もいますが、この勉強会では対等です。そうした上下関係は、できるだけ気にしないようにしましょう。それから、これは大切なことですが、『お互いに主張し合うのではなく、なぜそう思うのかを聴き合う』という姿勢を貫きたいと思います。これは、この勉強会のルールです」とつけ加えた。

続いて、「この勉強会は、相談室が主催しますが、私たちソーシャルワーカーが、一方的に退院支援について説明や講義をするものではありません。看護師さんたちと私たちが、この病院での退院支援のあり方を一緒に考えて、少しでもスムーズな退院支援ができるようにしたいと思っています。私たちは、その仕掛け人です」。Aは、自分たちの立場について説明をした。

その後、Aは、メンバーが、順番に自己紹介をしながら、退院支援についての思い、勉強会への期待や不安を出し合うように促した。Bがホワイトボードに整理していった。

まず、退院支援への思いについて、「ソーシャルワーカーの話の聴き方を見習わないといけないと思っている」「担当している患者の場合、何とかしたいが何をどうしていいかわからない」「退院の調整は、二人しかいないソーシャルワーカーだけでは無理ではないか」「家族の状況などは、ほとんど看護師には知らされていないので、気にはしているが、どうしたらいいかわからない」などといった、看護師も何らかの形で退院支援にかかわる必要があると認識しているような発言があった。あなたも「退院したらもうかかわれない。退院支援は、その患者への看護師としての最後の支援だから大切にしたい」と気持ちを話した。

一方、「看護師の仕事ではないと思っていたので、ほかの人の発言を聴いて意外な気がした」「看護学校では、大切な仕事だと教えてもらったが、現実的に忙しくてできない。看護師の仕事から外すべきだ」「仕事としてまったく気に留めていなかった」などの発言もあった。

また、「もう退院できるのに、退院させようとしない家族に腹が立つ」「家族がいるのに、退院になぜ調整が必要なのかがわからない」「家族はいったん患者を引き取るべきだ」といった、スムーズに退院できないのは家族の責任だと主張する意見はかなりあった。「引き取れないのなら、入院した当初から施設を探すべきではないか」という意見もあった。

Aは、一人ひとりの発言や意見の意味を確認し、メンバー全員に周知するように見渡しながら、要点を繰り返した。同じように、期待や不安についても、要点を繰り返した。Aの、いっさい否定しないで話を引き出す姿勢は、自ずと勉強会全体に受容的な空気をつくっていった。「この勉強会で決まったことは、病棟や看護師に押しつけられるのではないか」という不安に対してのみ、Aは、「この勉強会は自主的にやるもので、決まったことに拘束力はない。各病棟と相談室で協力して、自分たちの裁量で自主的にできることを一緒に考えるのだ」とコメントした。

「それでは、今、お互いに思いを聴き合って、どのように感じたのかを話し合ってみたいと思います。一二人では多すぎますので、六人ずつ二つのグループに分かれます」「それから、今日は、今後どうするべきかについては話し合いません。あくまでも、退院支援について、さっきお互いに聴き合って感じたことを話し合ってください。私たちソーシャルワーカーも感じたことを言わせていただきます」。Aは促した。AとBが、それぞれのグループの司会をした。二人とも、先ほどルールとして確認した「主張し合うのではなく、聴き合う姿勢」をもう一度それぞれのグループで確認した。

どちらのグループも活発に意見交換が行われた。最後に、もう一度、一二人の輪になり、一人ひとり感想を聴くと、「人によって意識や考え方が全然違うことがわかった」「こんなに退院支援について考えたことは、今までになかった」「退院支援は大切なんだとわかった」といった内容の発言が多かった。あなたは、それぞれの参加者の思いが共有されたように感じた。

③作業期

二回目の勉強会では、まず、ソーシャルワーカーAが、複雑で困難な退院支援がうまくいった事例と、うまくいかなかった事例について報告をした。二つの事例は、主治医、病棟、相談室が、うまく連携しているかしていないかという大きな違いがあった。

「○○さんのときは、主治医もソーシャルワーカーさんも私たちもずいぶん悩んだわね。一人暮らしの方で、『どうしても自宅へ帰りたい』と言われるし、遠方にいる息子は、『心配だが協力できない。一人暮らしは無理。施設に入ってほしい』と言われるし……」。うまくいった事例を担当していた看護師は、懐かしそうに思い出しながら話した。

結局、本人の意向に沿って、自宅に帰ることになったが、その過程で密度の濃い連携があった。ソーシャルワーカーが、本人の気持ちを時間をかけて聴き、それを主治医と担当看護師に伝えた。主治医は、息子に電話を入れ、本人の病状を伝え、気持ちを代弁し、それに「息子さんに何ができるか」を一緒に考えたい意向を伝えた。看護師は、日常的に、精神的に不安定な本人をよく支えた。ソーシャルワーカーは、自宅での一人暮らしを支える地域のケアマネジャーや保健師に連絡をとり、再三病院に足を運んでもらった。スタッフは情報を共有し一丸となった。

「ずいぶん苦労したけど、主治医やソーシャルワーカーさんとも一体感があったし、無事自宅へ退院されたときは、うれしくて涙が出てきました」。そのときを振り返り、担当看護師は、やはりうっすら涙を浮かべていた。

一方、うまくいかなかった事例の場合は、主治医、担当看護師、ソーシャルワーカーの言うことが食い違い、本人と家族を怒らせてしまった。スタッフは、お互いに責任を押しつけ合い、コミュニケーションをとること自体苦痛を感じた。結局、最後まで、家族や本人とも和解できなかった。「こんな病院に二度とくるもんか」と罵声を浴びせながら、自宅に退院していった。しかし、四日後、家族に世話をしてもらえなかった本人は、脱水症状のため、ほかの病院に救急車で運ばれた。

このときの担当看護師も勉強会に出席していた。「あのときは、主治医にもソーシャルワーカーさんにもほかの看護師にも、本人にも家族にも、みなに対して腹が立ってしんどかった。イライラしていたので主任や師長には叱られるし、もう病院を辞めようかと思いました」

二つの事例について、また二つのグループに分かれ、意見交換をした。最後は、また一つの輪になり一人ひとり感想を言った。あなたは、「退院支援の大切さ」と「うまく連携できたときの気持ちよさ」が共有されたように感じた。

三回目の勉強会は、具体的にどのように退院支援のための連携をしたらいいのかという話し合いになった。「とにかく調整が必要な患者さんの場合は、どのようにかかわってどうなったかということを記録にする」「一つの退院支援カードをスタッフ間で共有する」「電話でもいいから、各部署のスタッフがお互いに連絡を密にとり合うようにする」など、前向きな意見も多く出されたが、「日常の業務をこなしながらできるかなあ」と消極的な意見も出てきた。退院支援の大切さはわかったものの、何か心に引っかかりがあるようだった。

Aは、何に引っかかっているのかを尋ねた。「私は、まだ技術的に未熟で、要領も悪いんです。日常の業務をこなすことに精一杯で……」。二年目の看護師は、自信がなさそうに言った。「ここにいるメンバーとならできるかもしれませんが、私の病棟には、退院支援を仕事だと思っていない人も結構いますので……」。あなたの病棟の主任が言った。いったんは前向きな意見を言った看護師からも、自信のなさそうな意見が次々と出てきた。

「わかりました。退院支援や連携の大切さはわかったものの、客観的に見渡すと、いろいろ障害になることもありそうですね。この勉強会には、各病棟から二人以上出席されていますので、次回までに、自分の病棟で何ができるか、どうしたらいいかを、相談しておいていただけませんでしょうか。自主的にやるわけですから、大きな変化をもたらそうとするのは無理だと思います。ほんの小さなことでもかまいませんのでよろしくお願いします。私たちも、できるだけみなさんの負担にならないように、どうしたらいいかを考えておくことにします」。Aは、そう締めくくり、予定の時間より少し早かったが散会した。あなたは、いい案が見つかるかどうか不安になったが、確実にこの勉強会が、前向きに進んでいることを感じていた。

四回目の勉強会には、内科の医師一人、リハビリ部門の理学療法士一人、あなたの病棟の師長が、オブザーバーとして参加した。配布していた勉強会の記録を読んで、見学の申し出があった。ソーシャルワーカーAとBは、「メンバーがプレッシャーを感じるのではないか」と心配したが、理解を広めるためにもいい機会だと判断し、「見学だけなら……でも恐い顔して座らないでくださいね」と念を押し、申し出を受けた。そのことは、あらかじめメンバーにも連絡しておいた。

四回目、各病棟からいろいろな意見が出てきた。おおむね共通していたのは、調整が必要な患者については、退院支援カードのようなものをつくり、病棟詰め所に置く。各スタッフが、気づいたこと、患者や家族からの情報などを、病棟詰め所で記録していくことだった。電子カルテの中に組み込むことは、システム上無理があった。また、それは、相談室から各部署への依頼という形で導入するほうがいいということだった。

さらには、退院支援について、患者や家族への対応で困ったときは、必要に応じてもちろん主治医に連絡するが、必ず、ソーシャルワーカーにも電話などで連絡をし、そのつど「どうしたらいいか」について相談するという意見も出てきた。

こうした意見を受けて、Aは、「まず、相談室からのお願いという形で、『退院支援のための連携』という冊子を各部署に配りたいと思います。その冊子には、この勉強会で話し合ったことや、現実的に障害になるだろうことも、特定のスタッフの批判にならないように客観的に書いておきます。また、退院支援のための連携の大切さとして、『患者さんのため』ということだけではなく、『病院のスタッフが気持ちよく仕事をするため』にも必要だということを強調しておきます。この冊子は、外部に配るものではありません。この病院のスタッフだけが共有するものです」と説明した。そして、「退院支援カードを一度試してみましょう。これも相談室から各部署にお願いをすることにします。また、退院支援のことで何かあれば、いつでも相談室に連絡してください。ということでよろしいでしょうか？」と全員を見渡して言った。誰も異存はなかった。

④終結期

「一つ提案があります。主治医によって進め方が違ったり、ほかの日常業務で看護師さんが忙しすぎたり、看護師さんによって温度差があったり、それぞれの病棟なりに事情があって、なかなかうまくいかないと思います。ですから、とりあえずやってみて、次の最終の勉強会で、その報告をし合う。それで改善策を考えませんか？」。Aは提案したが、これも異存はなかった。「それでは、冊子や退院支援カードをつくるのに、少し時間がかかりますし、相談室から各部署にお願いをするのにも時間が必要です。また、取り組みにも時間が必要ですので、最終回は二週間後ではなく、もう少し先送りにしたいのですが、いかがでしょうか？」。こうして、六週間後に最終の勉強会をするということになった。

そして、今までに四回行った勉強会の振り返りが行われた。「退院支援や連携の大切さについて、回を追うごとに理解が深まった」などといった感想のほかに、「勉強会のメンバーがすごく身近に感じられるようになった」「やっぱり話し合いをすればわかり合える」「勉強会の進め方はたいへん参考になった」「ソーシャルワーカーの専門性がはじめてわかったような気がする」などの感想もあった。あなたは、「仕事だけではなくて、個人的なこともこのメンバーに相談したいと思うようになった」と発言し、笑いを誘った。オブザーバーとして参加していた医師、理学療法士、師長は、いい雰囲気を感じとって、終始ニコニコしていた。

さて、最終、五回目の勉強会。二人のメンバーは、勤務調整をしきれず欠席となったが、一〇人のメンバーが出席した。「今日が最終回です。具体的な取り組みをはじめて、一か月近くが経ちますが、いかがでしょうか」。Aがメンバーに問いかけた。

病棟ごとに報告があった。退院支援カードは、医師と看護師とソーシャルワーカーが、患者の情報を共有できるということで、おおむね好評だった。書き方の見本をつくっておいたのもよかった。また、看護師のほかの日常業務にほとんど支障がないこともわかった。ただ、リハビリ部門のスタッフが、わざわざ病棟まで来て書くことに不便を感じているようだった。

看護師による温度差は、相変わらずあるようだが、以前のように、露骨に「それは看護師の仕事ではない」という人はいなくなった。便利であることがわかり、あなたの教育係の看護師も退院支援カードに記入するようになっていた。

ソーシャルワーカーへの連絡も増え、病棟に足を運ぶ機会が増えた。次第に、看護師にとって、ソーシャルワーカーは身近な存在になってきた。ソーシャルワーカーにとっては、以前にも増して忙しくなったが、医師や看護師とのコミュニケーションが豊かになったことによって、苦痛を感じることはなかった。看護師も同じであった。

「五回の勉強会で、ずいぶんメンバーのつながりも深まったと思います。私自身も『仲間意識』をもつことができるようになりました。私たちは、おかげさまでかなり忙しくなりましたが、一緒にやっているという安心感がありますので、しんどくはありません。みなさんはいかがでしょうか……それでは、最後の振り返りをしましょう」。Aは、意図的に「仲間」という言葉を使って振り返りを促した。

「わかり合えるという心地よさを味わうことができました」「仕事が増えてしんどくなるかもしれないと思っていたのですが、スムーズに仕事ができるようになり、むしろ気分的に楽になりました」「この勉強会の雰囲気を病棟のほかの看護師にも味わってもらいたいです」「勤務の調整がたいへんでしたが、またこのような勉強会があるなら参加したいです」……。

あなたは、「私も、母親のような看護師になれるかもしれないという気がしてきました」と感想を言った。ほかのメンバーはキョトンとしていたが、あなたの病棟主任が、「この人のお母さんは、患者さんへの最後の支援、つまり退院支援を一生懸命されてきた優秀な看護師だったのよ。事故で亡くなったんだけど、この人はお母さんにあこがれて看護師になったそうなの。この人の退院支援への熱い思いとお母さんへのあこがれが、この勉強会を実現させたのよ」と、勉強会をはじめるにいたった経緯を説明した。

ソーシャルワーカーAは、主任の説明を補足し、あなたの熱意にほだされたことをみなの前で告白した。そして、「退院支援や連携について勉強会を進めてきましたが、結果的に、勉強会を通して、仲間としてつながることの大切さを学んだように思います」と締めくくった。

グループワークの四つの段階

数回にわたるグループワークは、通常、理論的に四つの段階（①準備期、②開始期、③作業期、④終結期）に分けることができます。事例でみてきたとおりです。第四章で示してきたグループワークの専門技術を活用しますが、段階を追って簡単に補足しておくことにします。

①準備期

準備期とは、グループワークをはじめる前に準備をする段階です。まず、広くアンケートなどを実施し、この組織にはどのような問題が存在するかを確認します。そして、グループワークの目的を整理します。また、参加メンバーが決まれば、メンバーが何を問題視しているのか、また、どういった意識をもっているのか、またグループワークへの期待や不安についてなど、さらに詳しい調査をします。それを事務局で吟味し、一人ひとりのメンバーについて理解するとともに、グループワークで起こることやグループワーカー自身の感情の動きを予測します。これを「波長合わせ」といいます。準備期では、この「波長合わせ」がたいへん重要な鍵を握ります。

②開始期

開始期とは、グループワークの初期の段階で、通常最初の集まりをさします。まず、グループワーカーは、グループワークの目的、グループワーカーの立場や役割について説明します。また、この段階では、メンバーは緊張して発言しにくい状況ですので、受容的な雰囲気をつくります。そのためには、たとえば、「主張し合うのではなく、聴き合う」というルールを申し合わせ、グループワーカー自らが、率先してそれを実践します。その姿勢が、メンバー同士のかかわりあいやコミュニケーションの見本となります。そうすることで、メンバーがお互いに否定し合うのではなく、気持ちを分かち合うことができるようになっていくのです。

③作業期

作業期では、次第にグループが成長し、前向きな意見も多く出てきますが、受容的な雰囲気を保つことによって、心の引っかかりも表現されるようになってきます。すなわち葛藤です。これを放置しておくと、ますます葛藤が大きくなり、グループは逆に衰退していきます。葛藤も気兼ねせずに表現し、その解決に向かって、メンバー自身が取り組むように促します。そうすることによって、お互いに助け合おうとする仕組みが定着し、よりつながりの強いグループに成長していくのです。

④終結期

終結期とは、終わりに向かう段階のことを指します。最後の集まりの一～二回前に、もうすぐグループワークが終わることを告げ、今までの集まりが、それぞれのメンバーにとってどういう意味があったのかについて振り返ります。そして、その感情を共有します。その際に、グループワークの目的が果たせたかどうかということだけではなく、グループワークを通して、メンバーが交流したこと自体の意味を確認することも大切になります。

仲間とともに高める個人の専門性

前著『対人援助職の燃え尽きを防ぐ——個人・組織の専門性を高めるために』では、個々の援助者の専門性を高めることによって、利用者や患者、生徒などとの援助関係をよくしていくことの大切さを示してきました。その個人の専門性をバックアップするのが、組織の専門性でした。組織として専門性を発揮する一つの機会が事例検討会なのです。ケースカンファレンス、ケース会議などとも呼ばれます。

事例検討会は、ほとんどの対人援助の職場で行われているはずです。仲間とともに、個人の専門性と組織の専門性を、相乗作用で両方とも高めることができる絶好の機会といっても過言ではありません。

ここでは、「事例③　保育士のあなた」を発展させて詳しく示しておくことにします。もし、入所当初、担当者がSくんの母親の話をゆっくり聴き、事例検討会をしていたらどうなっていたでしょうか。

事例❸ 保育士のあなた

Sくんが入所し、あまりの落ち着きのなさに、今後、対応に苦慮することが予想された。主任と三歳児クラスのリーダーは、ゆっくり母親の話を聴くことにした。その間、あなたはSくんの対応のため、コスモスに応援にきていた。主任は、相づちを打ちながら、ときおり母親の言葉を繰り返したり、要約しながら、状況と気持ちを確認していた。リーダーは記録をとっていた。母親の話は、だいたい次のような内容だった。

「結婚してすぐ身ごもった子どもは、四か月のときに流産しました。夫も私も子どもが好きで、妊娠したとわかったときは、それはそれはうれしかったのです。夫の両親も初孫だということで、たいへん喜んでくれました。ところが、流産で、夫も私もずいぶん精神的に落ち込みました。両親は、どうなぐさめていいかわからず、ずいぶん困っていたようでした。

その後、ショックが影響していたのか、長い間子どもができませんでした。八年経って、やっと妊娠しました。それがSです。以前、流産していましたし、私は三五歳で、そろそろ高齢出産の域にも入っていましたので、夫や両親はとても私を大切にしてくれました。私は、仕事を辞め、Sを産む準備に専念しました。夫は、大手商社に勤めていましたし、もともと忙しかったのですが、今まで以上に働いてくれました。夫の両親もよく家にきて、世話を焼いてくれました。

Sは、元気な泣き声とともに産まれました。私は、元気な赤ちゃんを産んで、夫や両親の期待に応えないといけないと強く思っていました。ですから、ホッとしました。やがて、ハイハイをしだし、一歳の誕生日あたりから、歩くようにもなりました。検診では、二か月ほど発達が早いということでした。夫や両親に伝えると、たいへん喜んでくれました。

ところが、次第に、行動が激しくなり、まったく落ち着きを感じられなくなりました。はじめての子どもですし、発達についての知識などありませんでしたから、『元気でいい』と思っていたのです。ところが、検診などで、ほかの同じくらいの子どもをみると、Sの行動は、あまりにも落ち着きがなさすぎでした。医師や保健師に相談すると、『まだ何ともいえないから、しっかりかまってあげて様子を見てください』ということでした。

夫の両親は、たいへんしつけに厳しい人たちでした。夫もそういう両親のもとで育ったので、何かにつけきっちりとしていました。私自身、そのことを知っていましたので、Sをしっかりしつけなければと思い頑張りました。しかし、ますます、Sの行動は激しさを増しました。次々と興味の対象が変わり、家中のものをひっくり返してくれました。夫は、夜遅く疲れて帰ってきます。私は、それまでにSが散らかしたものを片づけないといけません。ときどき、夫の両親がやってきますが、いつも電話があって三〇分ほどでやってくるので、その間の片づけが本当にたいへんでした。

夫は、休日にはSとよく遊んでくれました。ところが、あまりに落ち着きのないSをよく叱りました。と同時に、私に対しても『お前は、日頃どんなしつけをしているんだ』と言うのが口癖のようになっていました。もともと優しい夫ですから、口調はそんなに強くはありません。でも、私は、いつも責められているような気持ちになりました。そして、夫の向こうに、いつも夫の両親の顔が見えるような気がしました。

私は、責任を感じました。インターネットで調べました。『発達障害』『ＡＤＨＤ　注意欠陥多動性障害』などという言葉を見つけて、血の気が引くような思いになりました。Sの行動とよく似ているのです。でも、『障害なんかではない』と強く思いました。そう思えば思うほど、『私のしつけ方が悪いんだ』という気がしてきました。

日頃から、夫の両親は、『パパと同じように、大きくなったら一流の会社に勤めるんだよ』と、Sに向かって言っていました。夫は、『いっぱい勉強しようね』と優しくSに語りかけていました。私は、調べたことを言い出せませんでした。

三歳になったら保育所に預けることは、夫の提案でした。その提案には、夫の両親の気持ちが込められているような気がしました。『やはり、私が、うまくしつけられないからだ』と、私は自分を責めました。思い悩みながら、私は、保育所入所の手続きをし、パートで働くことにしました」

母親の話を聴いて、主任とリーダーは、一度、事例検討会をしたほうがいいと判断した。数日後の夕方、園長とパート勤務の保育士に、保護者の迎えを待つ子どもたちの対応をまかせ、ほとんどの保育士が事例検討会に出席した。

①事例の提示

「では、これからSくんについての事例検討会をはじめます。まず、リーダーから、事例のタイトルと今日検討したいと思った理由を説明してください」。主任は、事例検討会のはじまりを告げた。

「タイトルは、『発達障害かもしれないSくんと、母親へのかかわり』としました。ご存じのとおり、先日、Sくんが入所してきました。落ち着きがなくて、クラスのほかの子どもたちにもよくない影響を与えています。ほかのクラスにもたびたびご迷惑をおかけしていると思います。私たちは振り回されています。それで、Sくんにどうかかわったらいいか、また、お母さんも悩んでおられるので、どう支えたらいいかについて、みなさんと相談したいと思い、事例を提供しました」。リーダーは説明した。

主任は、タイトルと要点を繰り返し、ほかの保育士に改めて周知し、「では、資料に沿って、詳しく説明してください」とリーダーに促した。リーダーは、Sくんの家族図や母親から聴いた話を要約した資料を用意していた。それに沿って説明した。Sくんの行動は自宅でも激しく、落ち着きがないこと、母親はそれを自分のしつけができていないせいだと思っていること、Sくんは、夫や両親からたいへん期待されていること、母親は、夫や夫の両親から強い圧力を感じていること、最初の子どもは流産したこと、発達障害かもしれないことがわかったが、言い出せないこと……など、母親から聴いた話をできるだけ詳しく説明した。

主任は、要点を整理し、「お母さんは、私たち以上にしんどいようですね」と感想を言った。そして、リーダー自身の思いを聞いた。「私は、お母さんがしつけのことで悩んでらっしゃるようですので、何とか力になれないかと思っています」。母親の話をゆっくり聴いて、リーダーはそう思っていた。

②事例の共有

「それでは、みなさんからリーダーに質問をしていただき、リーダーには、それにお答えいただくことによって、Sくんの事例を共有したいと思います。コスモスとさくらの担任は、Sくんのことをよく知っているでしょうし、私もお母さんの話を聴いていますので、リーダーの補足説明はできると思います」。主任は、参加している保育士に質問を促した。「それと、これからは、質問をする時間ですので、まだ、『こうしたらいい』などの解決策は言わないようにしてください。よろしくお願いします」。主任は、順序立てて事例を検討するために、釘を刺しておいた。

「Sくんの、家での様子を教えてください」「はい、やはり、まったく落ち着きがないようです。テレビを見ているかと思ったら、おもちゃを投げていたり、食卓に上ったり、玄関で靴箱から靴を全部出していたり……特に、食事の準備をしているときが、たいへんだそうです。ずっと、

Sくんを見ているわけにはいきませんので……お母さんは、片づけても片づけてもSくんが散らかすもので、この頃は、そのつどではなく、Sくんが寝てから片づけるのだそうです」

「先ほど、リーダーは、『お父さんが帰ってくるまでに、片づけるのがたいへんだ』とおっしゃっていましたが、お父さんの理解はどうなんでしょうか?」「……そうですねえ。これは、お母さんの話を聴いての私の印象ですが、『きちんとしつけたらできる』と思ってらっしゃるんじゃないでしょうか。お母さんは、それに一生懸命応えようとしてらっしゃるような気がします」

「お家《うち》では、危険な行動はないのですか?」「はい。一度、食卓に上って、足を踏み外して落ちたようですが、そのほかには特に聞いていません」「園では、よく園庭に飛び出しているようですが、家では、外に飛び出すようなことはないのですか?」「それは、『ない』とおっしゃっていました。Sくんのお家はマンションの五階で、中にいると、外の様子は見えないそうなんです。園では、コスモスから園庭がよく見えますよね……」

「Sくんの行動にパターンはあるのでしょうか?」。あなたがはじめて口を開いた。「ええ、『パターンがある』とはおっしゃっていませんでしたが、ひっくり返すものは、いつも決まっているようです」「ところで、私が、コスモスに応援に行って見ている限りでは、Sくんは、ほかの子どもたちと、あまり交流はないようですが、どうなんでしょうか?」「まったくないわけではないですが、ほかの子どもたちがSくんに話しかけても、Sくんは、あまり反応しません。逆に、Sくんが、ほかの子どもたちに声をかけることもあるのですが、会話は続かないですね」

「発達障害について、お母さんは、どの程度のことまでご存じなのでしょうか？」「病院には行ってないようですが、インターネットでかなり調べたそうです。Sくんの行動は、調べたとおりの行動で、ADHD（注意欠陥多動性障害）ではないかと疑ってはおられます。ですが、そう思いたくないようです。誰にでも、興味の対象が広がる時期があって落ち着きがないように見える。Sくんに、それが強く現れていると思いたいようです。それに、『大きくなるにつれて、著しく改善される例もたくさんある』と、お母さんは強調されていました」

これら以外にも、いろいろな質問が飛び出し、リーダーは答えた。また、主任も補足説明をした。

③論点の明確化と検討

「ずいぶん質問が出て、Sくんやお家の様子がわかってきました。それでは、今後、Sくんやお母さんにどのようにかかわっていくのかを検討する準備として、お母さんの気持ちに焦点を当てて、考えてみたいと思います。お母さんは、今、どのような気持ちでしょうね。今までの情報から想像してみてください」。主任は、質疑応答では触れられなかったが、母親が最初の子どもを流産していること、Sくんは、その後八年経ってから産まれたこと、父親が一流商社に勤めていること、父親の両親もSくんにたいへんな期待を寄せていること、などを再確認し、母親の気持ちを想像するように促した。

「お母さんは、最初の子どもを流産したことを、すごく気にされているのでしょうね。ずいぶん、ご主人やご両親の期待があったみたいですし……」「その後、長い間、子どもができなかったことにも責任を感じていたから、やっと産まれたSくんを、期待に添えるように育てないといけないという気持ちが強いのでしょうね」「調べれば調べるほど、Sくんの行動は、ADHDに当てはまる。でも、期待に添うためには、ADHDであってはいけない。だから、ADHDのような行動をするのは、『自分のしつけ方が悪いのだ』と思わざるを得ないのではないのでしょうか。自分の責任にせざるを得ないのかもしれません」

「そう考えると、お母さんは、相当大きな葛藤を抱えてらっしゃいますね」。主任は、出た意見に対して感想を言った。

「お母さん、大丈夫でしょうかねえ……Sくんが寝てからお父さんが帰宅されるまでに片づけるんでしょ。毎日のことだから、かなり疲れてらっしゃるのではないでしょうか。お父さんの理解が足りないように思います。一度、園にきていただいたらいかがでしょうか」。ある保育士は、「父親には理解がない」と感じ、憤慨していた。口調の強さが、それを物語っていた。

「ちょっと待ってください。今はまだ、これからのことを考えるのではなく、お母さんの気持ちを考えているのです。先走りはダメですよ」。主任は、注意を促した。そして、「あなたは、『父親には理解がない』と感じて怒っているようだけど、お母さんは、そのことについてどんな気持ちなのでしょうね」と母親の気持ちを考えるように促した。

「すみません、先走りしてしまいました……お母さんは、『父親には理解がない』というところまで、思いが及んでいないような気がします。とにかく目の前のSくんのことで精一杯なのかもしれません。お母さんの気持ちの中では、片づけることは当然のことで、お父さんが帰られるまでの自分の仕事だと思ってらっしゃるのだと思います」

「お母さんが置かれている状況や気持ちが、だいぶ見えてきたような気がします。想像ですから、当たっているかどうかはわかりませんが、これから園としてどのように支援をしたらいいかのヒントになったのではないでしょうか」。主任は、そうまとめ、「リーダーは、今まで出てきた意見を聴いて、どのように感じましたか？」と、事例を提供したリーダーに意見を求めた。

「はい、お母さんの話を聴いて、私は、『しつけのことについて相談に乗らないといけない』と、すごく表面的なことしか考えてなかったことに気づきました。今、みなさんの意見を聴いて恥ずかしくなりました。まず、Sくんの安全を確保することと、お母さんの気持ちの支援が大切なように思います」

④今後の方向性の検討

「それでは、今後の方向性について検討したいと思います。今、リーダーから、『Sくんの安全確保とお母さんの気持ちの支援』という言葉が出てきましたが、具体的にどのようなことをすればいいでしょうか」。主任は意見を促した。

「Sくんには、行動のパターンがあるかもしれません。全クラスの保育士で見守って、確かめてはいかがでしょうか」と、四歳児クラスの保育士から意見が出た。すると、あなたは言った。

「実は、私には八歳年下の弟がいるのですが、小さい頃、Sくんのような子だったんです。診断名はついてなかったのですが、落ち着きがなく、手のかかる子でした。私は、姉として弟の世話をしていたのですが、毎日一緒にいると、『次はこれに関心が向くのではないか』って、行動のパターンがつかめてきて、危険なことは防ぐことができました。ですから、Sくんを全クラスの保育士で見守って、行動パターンを見つけるというのはいい方法だと思います」

「見守るときに、危険がない限り、行動を制限しないほうがいいのではないでしょうか。たとえば、無理にコスモスに戻そうとしたりしないで、そのクラスで見守ってもいいと思います。行動を制限すると、Sくんのストレスになるような気がします」。二歳児クラスの保育士が言った。

するとリーダーが、「勝手気ままを認めるということですか？」と尋ねた。「そうではなくて、私たちから見れば勝手気ままな行動かもしれませんが、Sくんにとっては、関心の向くことに対して行動するわけで、意味のある行動だと思うんです」「なるほど、Sくんの行動の意味を保育士も理解できるように見守るということですね」。リーダーは、気づいたように答えた。

「各クラスに、気づいたことをメモしておく『Sくんメモ』を置いておいたらいかがでしょうか」。あなたは、提案した。ほかの保育士は、「なるほど」とうなずいていた。

「じゃあ、当面、Sくんについては、危険がない限り、行動を制限しないで、全クラス、全保育士で見守るということにして、各クラスに『Sくんメモ』を置きましょう。一か月ぐらい様子を見るということでよろしいでしょうか？」。主任は、確認した。みな異存はなかった。

「では、お母さんの気持ちをどのように支援すればいいでしょうか？」。主任は意見を促した。「お母さんは、ずいぶん葛藤を抱えておられるようですし、保育士に聴いてもらって、ストレスが溜まらないように小出しすることが、とても大切だと思います」「お母さんについては、毎日少しでいいから、お迎えに来られたとき、決まった保育士が話を聴くほうがいいのではないでしょうか」「お母さんは、Sくんのことだけでなく、お父さんやお父さんのご両親との関係のことなんかも、話したいのではないでしょうか」「とにかく否定しないで、お母さんの話を聴くことが大切だと思います」……次々と意見が出てきた。

「決まった保育士が話を聴くという意見が出てきましたが、やはりこの場合は、私でしょうか？」。自信なさそうにリーダーが言った。ほかの保育士は、「そりゃそうだ」といった顔をしていたが、リーダーは、「私は、聴く自信がないんです。みなさんご存じのとおり、私は、つい余計なことを言ってしまう性格でしょ。今回は、主任がその役割を担ってくださいませんか？」と、主任にお願いした。すると、主任は、「それじゃ、私とリーダー二人でお母さんの話を聴くことにしましょう。当面は、私が主になって聴きますが、これも一か月をめどに、リーダーだけで聴くようにもっていきましょう。リーダー、いかがですか？」「はい、聴く練習をしてみます」

「それでは、お母さんがお迎えに来られたときに、できるだけ毎日、私とリーダーとで、少しでも話を聴いてみるということにしたいと思います。最後に、事例を提供して、リーダーは、どのように感じましたか？」。リーダーに感想を求めた。

「今日は、改めて私の悪い癖を見つけたように思います。『三歳児はこうあるべきだ』『集団生活はこうあるべきだ』などというのが先にあって、子どもたちをその枠に当てはめようとしていたのだと思います。みなさんの意見を聴いていて、それではいけないと感じました。『Sくんの行動には、Sくんなりの意味がある』というのは目からウロコでした。それに、事例検討会の途中から、『お母さんの話は、私が聴かないといけない』と感じていたのですが、そう思えば思うほど、自信がなくなってきました。今までの私では、聴けないような気がしたのです。主任さんの聴き方を見習って、練習したいと思います。私たち保育士は、子どもや保護者のよき理解者にならないといけないんですよね。改めて実感しました」

「ありがとうございました。『よき理解者』、いい言葉ですね。Sくんやお母さんへのかかわりを通して、『よき理解者』ってどうすることなのかを、みなで勉強したいと思います。では、これで、事例検討会を終わりたいと思います」。主任は、締めくくった。

なんとも、穏やかな雰囲気で事例検討会は終わった。仕事を終えた夕方の会議ではあったが、あなたは、みなが元気になったような気がした。それに、何かをつかんだような気がした。あなたも、明日からの仕事が楽しみになった。

対人援助の現場で行われる事例検討会は、担当者が困難を感じているときに、援助の方法を検討するため、あるいは、定期的に援助の方針や方法を見直すために行われることが多いようです。

しかし、「事例を提供したくない」とよく聞きます。理由を尋ねると、「何を言われるかわからない」「批判される」などが多いようです。事例検討会は、仲間と事例を共有し、お互いに対人援助職としての専門性を高め合う絶好の機会になるはずなのです。「事例を提供したくない」と思うようなものであれば意味がありません。

では、なぜ、「事例を提供したくない」と思ってしまうのでしょうか。それは、本来の事例検討会の大切なポイントを外しているからなのです。そのポイントを四つに分けて、簡単に示しておくことにします。

①スタート地点としての当事者本人の理解

まず、スタート地点を誤らないということです。あくまでも利用者や家族といった当事者本人を理解しようとするところからスタートするのです。担当者が困っていると、つい「どう対処すればいいか」ということがスタート地点になってしまいます。そうではなく、「この利用者さんは、どうして担当者が困るようなことをするのだろうか」「いったいどのような気持ちなのだろうか」などと、当事者の立場に立って、当事者の側から気持ちを理解しようとするのです。スタート地点を間違うと、行き先も違ってきます。ですから、あくまでも当事者本人を理解するところからはじめるのです。

②対人援助の視点

そのためには、表に現れる当事者の問題の背景に何があるのかということを探る必要があります。人の暮らしを考えると、「一つの原因があって一つの問題が生じる」といった単純なものではありません。ほとんどの場合、いろいろな原因が絡まり合って、一つの問題が生じているのです。そのいろいろな原因が絡まっている背景を探っていくということです。背景には、当事者の歴史があります。歴史を含む複雑な背景を探っていくのです。これが対人援助の視点なのです。こうした視点で当事者の背景を眺めることによって、はじめて、当事者本人を理解することができるようになるのです。

③寄り添う態度

援助者として当事者を理解し、寄り添う態度から、援助の方針を導き出します。そのためには、先ほど示した「この利用者さんは、どうして担当者が困るようなことをするのだろうか」「いったいどのような気持ちなのだろうか」ということを考えることが大切になってきます。そうすることによって、寄り添う態度がはじめて生まれてきます。

前著『対人援助職の燃え尽きを防ぐ——個人・組織の専門性を高めるために』では、次の七つの援助の態度を整理しました。参考にしてください。①プライバシーに留意することで安心を与える、②感情に応答することで自分の気持ちへの気づきをもたらす、③援助者自身の感情や価値観を脇に置く、④一般論で片づけない、⑤あるがままを受け止める、⑥決して裁かない、⑦あくまでも側面からの援助を行う。

④メンバーの相互作用

援助の方針は、最初から決まっているわけではありません。事例検討会に参加したメンバーの相互作用によって導かれていくのです。誰かが意見を言うと、ほかのメンバーは、「なるほど」「それは違うんじゃないか」など何かを感じます。そして意見を言うと、また、ほかのメンバーが何かを感じて意見を言います。そうしたお互いの感じ合いによって、話し合いが深まっていくのです。これがメンバーの相互作用なのです。

事例検討会の四つの段階

「事例③　保育士のあなた」では、事例検討会を四つの段階に分けて展開してみました。事例では、主任が司会を務めていましたが、主任ではなくても誰でも司会を務めることができます。今整理した「事例検討会のポイント」を外さず、次のような手順で進めていきます。

①事例の提示

まず、事例提供者から、事例のタイトルとこの事例を提供した理由を説明してもらいます。タイトルには、事例提供者の思いが込められています。まず、その思いを共有するのです。司会者は、事例提供者の思いを確認し、メンバー全員に改めて周知します。

次に、資料に沿って、詳しい説明をしてもらいます。説明が終われば、要点を整理し、事例提供者から、改めて、この事例に対してどのように感じているのかを示してもらいます。

②事例の共有

次に、事例をより深く知り、当事者の様子や事例提供者の思いを共有するために、メンバーから質問をしてもらいます。そして、事例提供者には、質問に応じて説明をしてもらいます。その際、「なぜ、このようにしないのですか？」など、事例提供者を非難するような質問があれば、即座に間に入り止めます。また、「このようにすればいいのではないか」など、解決策が提示されれば、これも即座に止め、今は、当事者の様子や事例提供者の思いを共有する時間であることを説明します。

③論点の明確化と検討

論点を明確に提示します。論点は、「当事者本人の理解」。つまり、今、困ったことが起こっているならば、「なぜ、当事者はこのようなことをするのだろうか」「どのような状況から、どんな気持ちになっているのだろうか」と、当事者の立場に立って、当事者の側から状況や気持ちを探るということです。先ほど示したポイントを、この段階で具体的に話し合うのです。この段階では、メンバーから、解決策が提示されやすくなります。しかし、即座に止めます。当事者本人を理解する前に提示される解決策は、当事者の立場に立ったものではなく、こちら（援助者）側からの勝手な思い込みになりやすいからです。

また、当事者の状況や気持ちを想像し、いろいろな意見が出てきたら、最後に、事例提供者に感想を言ってもらいます。

④今後の方向性の検討

この段階では、論点について話し合ったことを踏まえて、これからどうすればいいかについて具体的に話し合います。事例にあったように、ただ「見守る」ということではなく、「行動を制限しない」や「Sくんメモをつくる」、また、ただ「お母さんの話を聴く」ということではなく、「ストレスが溜まらないように小出ししてもらう」や「とにかく否定しないで聴く」など、具体的にどうしたらいいのかについて話し合います。

最後には、方向性を整理し、メンバーに確認します。そして、事例提供者に再度感想を言ってもらいます。

仕事の枠を超えた仲間

日頃、あなたは、組織やチームで仕事をしていますが、仕事の枠を超えた、つまり、日頃一緒に仕事をしていない仲間で支え、高め合うこともできます。

ここでは、「事例①　ケアマネジャーのあなた」を発展させて、具体的な展開例を示しておくことにします。これは、私が、研修でよくやっている「ピア・グループ・スーパービジョン」の方法です。「ピア」とは、同僚や仲間をさしています。

事例❶

ケアマネジャーのあなた

ケアマネジャーは、制度上、研修を受ける機会が多い。しかも、長期にわたる研修が多いため、受講者同士で仲良くなるケースも少なくない。あなたにも、研修に行けば顔を合わせる数人の仲間ができた。日頃仕事をしている組織やチームの人たちには言えないことも、お互いに言い合える関係になった。

数人は、もともとの資格は、社会福祉士や介護福祉士、看護師とバラバラではあったが、ケアマネジャー資格を取得してから、まだ年数が浅いという点で気が合った。

みな比較的規模の小さい事業所のケアマネジャーで、同じような悩みを抱えていた。そこで、月に一回、土曜日の昼から集まって自主的に勉強会をすることになった。勉強会のあとの飲み会も楽しみの一つだった。

勉強会は、元の資格があなたと同じ社会福祉士であるメンバーの提案した方法で進められた。毎回、一人ずつ交代で、悩んでいることや困っていることを事例として提供した。その内容は、利用者との関係でもいいし、組織やチームのスタッフとの関係でもよかった。事例の内容はともかく、事例提供者が悩んでいることや困っていること自体に焦点を当てる進め方だった。

今日は、あなたが法人の方針や上司との関係で困っている事例について、仲間と検討することになっていた。

①事例を明確にする

司会者の誘導に従って、あなたは事例について説明をした。

「タイトルを『利用者本位って何？』としました。私は、今年の春にケアプランセンターに配属されました。上司との二人の部署です。上司は、長年病院に勤めてきた看護師で、利用者さんをとらえる視点が私とはまったく違います。私は、利用者さんのこれからの暮らしを考える上で、今までどのような状況の中で、どのような気持ちで暮らしてこられたのかに焦点を当てて、時間をかけて話を聴きたいと思っています。でも、上司は、まず、時間をかけて話を聴くこと自体を否定します。『感情移入するからダメだ』というのと、『時間をかけると数をこなせない』という理由です。

それに、上司は、利用者さんの体の状態や健康ばかりを考えようとします。ですから、上司の指示に従うと、ケアプランも、薬や食事、排尿や排泄の管理、リハビリばかりになってしまいます。私は、もっと利用者さんがどうしたいのかという気持ちに沿ったプランをつくりたいのです。だから話もゆっくり聴きたいのです。

うちの法人は、累積赤字があるようで、その解消のために、この春、やり手の事務局長がやってきました。ケアプランセンターの管理者も兼務しています。市の職員のＯＢです。福祉の現場を一度も経験したことがなく、ケアプランには無関心のようです。数字の話ばかりをしているようで、上司はかなり怒っています。私は直接、事務局長と話す機会はほとんどないのですが、上司が言う『数をこなす』というのは、事務局長の方針ではないかと思います。また、この頃、上司が『法人内の施設を使うようにプランをつくりなさい』と言うようになりました。これもきっと、事務局長の方針が影響しているのだと思います。

私は、とにかく今、上司との関係がしんどいのです。常に監視されているような気がしていますし、納得できないケアプランばかりをつくらされて、私はロボットになったみたいです。それに、上司と上司の向こうにいる法人の方針が、利用者本位になっていないようで、それが許せないのです。簡単ですが、だいたいこのような内容です」

司会者は、要点を整理し、メンバーに、事例をさらに明らかにするためのあなたへの質問を促した。そして、助言は最後まで控えるように念を押した。

「上司に、一人ひとりの利用者さんのケアプランのチェックを受けているのですか?」「私が新米のケアマネジャーだったので、先月までは、すべての利用者さんのケアプランのチェックを受けていました。今月からは、チェックを受けなくなったんですが、気になって、言われ続けたようにプランをつくっています」。あなたは答えた。

「上司は、事務局長のことをどのようにおっしゃっているんですか?」「一度だけ、『数字のことしか話さない嫌なおやじ』と言っていましたが、それっきり、私には何も言いません。何やら、事務局長の方針に反対する資料をつくっているようですが、そのこともあまり話してくれません」

「上司は、『時間をかけて話を聴くと感情移入するからダメ』っておっしゃっているようですが、上司自身、そうした体験をされたのでしょうか？」「看護師になったばかりの頃、患者さんの話を聴いて感情移入してしまって、結局、患者さんの言いなりになって、病状を悪くしてしまったそうです。その患者さんは亡くなって、『自分の責任だ』と言っていました。そのことで、先輩や医師からひどく叱られたそうです」

「地域のヘルパーさんや訪問看護師さんなど、あなたのチームの人たちは、あなたが立てたプランについてどのようにおっしゃっていますか？」「上司のチェックが入ってからは、プランそのものについては、あまり何も言われません。無難な内容だからだと思います。それ以前は、利用者さんの意向に沿って、かなりスタッフも頑張らないといけないプランを立てていたので、批判もされました。ただ、地域のヘルパーさんや訪問看護師さんとは、何かしっくりこないのです。これは上司も言っていました。たぶん、法人と地域の事業所との間に摩擦があるのではないかと思います」……。

メンバーからの次々に質問を受けて、あなたは答えていった。質問に答えているだけで、結構、あなたの頭の中は整理されてきたように感じた。

②事例をシステム理解する

「だいぶ事例が明らかになってきたように思います。それでは、今明らかになったことを図式

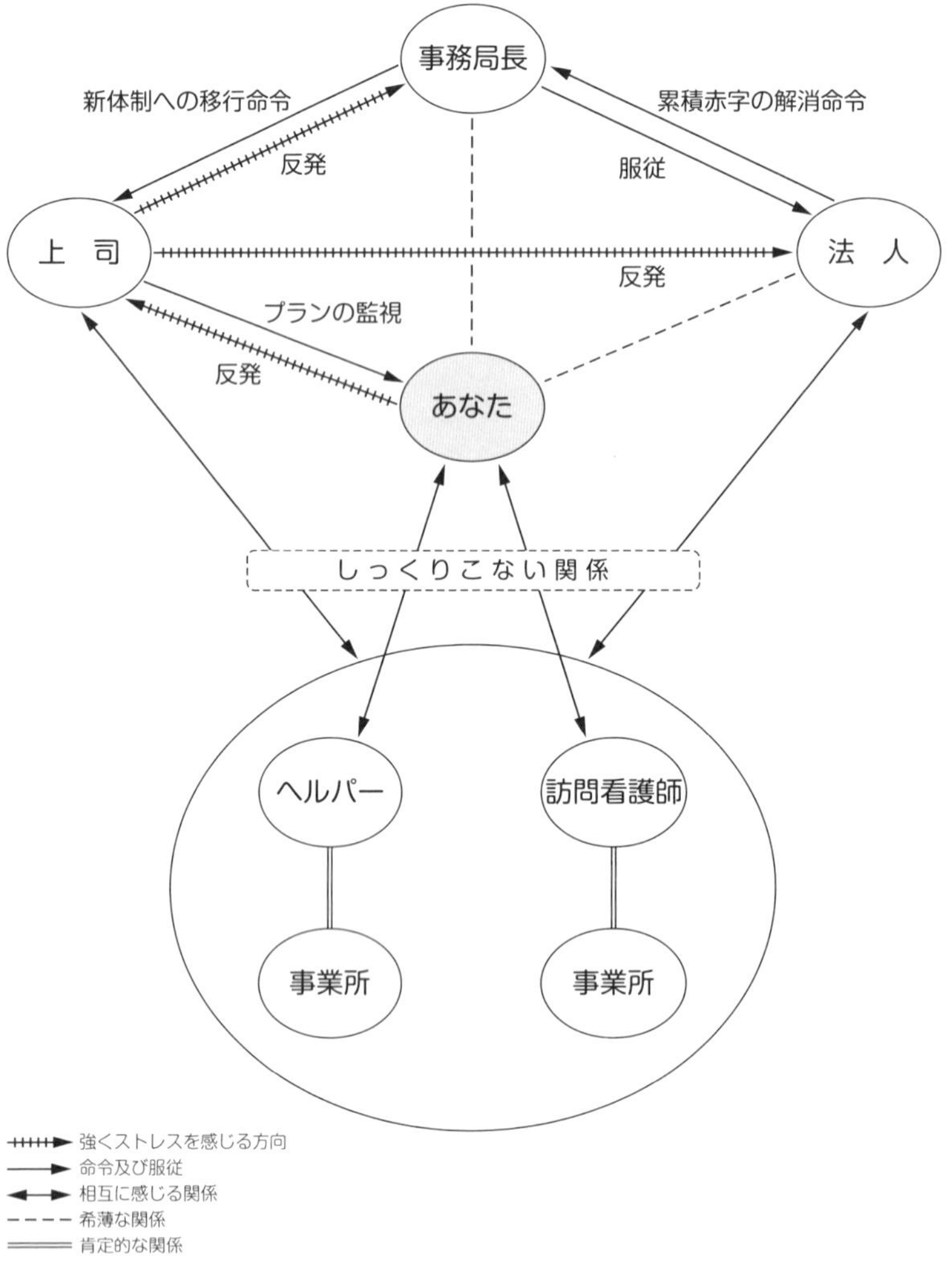

化してみたいと思います」。司会者は、決められた手順に沿って進めていった。

図を描きはじめると、さらにメンバーから続々と質問が出てきた。「あなたが具体的に抱いている上司への気持ちは？」「逆に、上司はあなたにどんな気持ちを抱いているのか？」「事務局長は、上司にどのような気持ちを抱いているのか？」「地域のヘルパーや訪問看護師のあなたに対する気持ちは？」……。

あなたにもよくわからないことがあったので、メンバーで想像を膨らませるという作業もした。できあがった図を見ると、あなたを取り巻く状況が、さらに明らかになった。あなたは今まで気づかなかったが、「ひょっとしたら……」と思えるような状況もたくさんあった。あなたは驚いた。

「私だけではなく、上司も相当ストレスを感じているんだ」「ひょっとしたら、上司は私を守ってくれているのではないか」「地域の中で、法人もたいへんなんだ」「事務局長による改革は、はじまったばかりだから、よいか悪いか、まだわからないのではないか」……あなたは、図を見て感じたことをメンバーに伝えた。

③事例の問題点を整理する

「ずいぶん事例が明らかになりましたし、事例提供者にも新たな気づきがあったようです。それでは、事例全体を眺めて問題点を列挙していくことにします。いつものように、『事例提供者が問題点だと認識できる』ことが前提です。ほかの方々から事例提供者に、『○○は問題点じゃないですか？』と尋ねてください」

「上司と事務局長がうまくいっていない」「上司が、あなたに法人の方針について具体的に説明しない」「上司が、看護師としての専門性をあなたに押しつけようとしている」「法人と地域の事業所の間に摩擦がある」「ケアプランのチェックがなくなったのに、あなたは上司の圧力を感じている」……これらは、あなた自身、問題点だと感じることだった。

しかし、「あなたには、日常的に相談する相手がいない」とメンバーから提示された問題点については、ときどき、元の部署である特別養護老人ホームの職員に話を聴いてもらっていることを思い出して、「問題点ではない」と否定した。

④事例のよい点を整理する

「では、今度は、事例のよい点をみなで探したいと思います。これは、事例提供者が『よい』と思わなくてもかまいません。メンバーの誰かがよいと思えばよいのです。今、問題点としてあげたことも、反対から見ればよい点かもしれません」。司会者は、よい点をメンバー全員で探すように促した。

「あなたは、利用者の気持ちを一番に考えている」「そのために、批判を浴びながらも、スタッフが頑張らなければいけないケアプランを立てていた」「今もその気持ちを忘れていないから、大きな葛藤を感じている」「あなたは、上司や法人の圧力を感じながらも、あきらめないで利用者本位を追求しようとしている」……メンバーは、あなたが考えてきたこと、やってきたことを認めてくれた。そしてほめてくれた。あなたの微笑んだ顔から、少しうれし涙がこぼれてきた。

「上司は、あなたを守ってくれている」。あなた自身、図式化して感じたことだった。上司があまり法人の方針などについて具体的な話をしないということは、上司自身は、事務局長やその向こうにいる法人経営者から押し寄せる波が、あなたに直接当たらないように、防波堤になってくれているのかもしれない。

「利用者の気持ち、つまり利用者側からの主観的な目を大切にしようとするあなたと、客観的に、利用者の体や健康を大切にしようとする上司とがいて、バランスがとれている」。あなたが、今まで思いつかなかった発想だった。目からウロコだった。「どちらが欠けてもいけない。どちらも大切なんだ。なるほど」と思った。

「あなたには、法人内に相談相手がいる」。あなたが、問題点の整理のときに思い出したことだった。ケアプランセンターで愚痴をこぼすことはできないが、元の部署には、愚痴を聴いてくれる仲間がいた。

「法人が累積赤字を解消しようと改革をしている」。あなたは、首をかしげたが、これを言ったメンバーは続けて、「法人の経営が不安定ならば、先々、事業の規模を縮小して、リストラが行われたり、正規職員をパート職員に切り替えたりということがあるかもしれない。そうなれば、あなたも安心して仕事ができない」と説明した。「なるほど、法人が安定すれば、私たち職員も安定するんだ……」、当たり前のことだが、あなたは認識を新たにした。

短時間のうちに、次々とよい点が出てきた。あなたは、今まで、自分自身の凝り固まった狭い視野だけで物事を見ていたのだと改めて気づかされた。かかっていた霧がスーッと晴れるようだった。あなたのスッキリとした表情を見て、ほかのメンバーもいい顔をするようになってきた。

⑤今後の方向性について検討する

「事例のよい点がずいぶんたくさん出てきました。それでは、よい点をふまえて、先ほど整理した問題点を克服するために、どうしたらいいか具体的に今後の方向性を考えてみたいと思います」。司会者は、次の段階に入ったことを告げた。

「これからは、上司のチェックを受けないわけだし、基本的には、あなたの思いに従って、プランをつくったらいいと思います。でも、利用者さんの体や健康を大切にする客観的な目が大切だって、さっきあなたは気づいたので、逆に積極的に上司に助言を求めたらどうでしょうか?」「なるほど、今までは、嫌々上司の意見に従っていたけど、これからは、逆に積極的に助言を求める……いいかもしれない」。あなたはそう感じた。

「事務局長のやり方に上司は反発しているようですが、あなたが上司の力になってあげたらいかがでしょうか?」「上司は一人で抱え込んでいるようだし、私が上司の話を聴くようにしたらいい。事務局長の話は聴けないけど、上司の話ならいくらでも聴ける立場にいる。上司ともっと話をして、一緒に悩めばいいんだ……そうか、私が、時間をかけて上司の話をいっぱい聴くことで、上司は、聴くことの大切さをわかるようになってくれるかもしれない」。あなたはそう思った。

あなたにもできそうなことをみなが考えてくれた。それを聴いて、あなたは、自分が何をしたらいいか、何ができるのかについての発想が急速に膨らんでいった。今まで気詰まりで苦痛に感じていた事務所の中だったが、新しい風が吹き抜ける風景を思い描くことができた。「私は、今、上司と二人で事務所にいる様子を客観的に見ている」と気づいた。

あなたは、ほかのメンバーの意見を聴いて、感じたこと、思ったこと、気づいたことを、メンバーに伝えた。

⑥振り返り

「それでは、そろそろ時間ですので、終わりたいと思いますが、最後に、一人一言ずつ振り返りをしましょう」。司会者は、振り返りを促した。

みな、あなたの前向きな姿勢をほめてくれた。葛藤を抱えながらも頑張ってきたことをねぎらってくれた。そして、「あなたの姿勢に元気をもらった」「悩んでいるのは自分だけではないとわかった」「あなたがどうしたらいいかを考えていると、私自身が職場でどうしたらいいかが見えてきた」……あなたの事例だったが、ほかのメンバーの役に立ったようだった。

最後に、あなたが振り返った。「今まで、私は、自分のことばかりで、上司の気持ちを考えていなかったように思います。自分の考えと違うから、軽蔑さえしていたような気がします。私は、利用者さんの話を聴くことを大切にしてきたのに、上司の話をまったく聴けていませんでした。恥ずかしい限りです。上司は上司で、今まで長年仕事をしてきて培った信念があるでしょうし、それをしっかり理解する必要があると思いました。立場も違うし、専門性も違うわけですから、理解し合わないといけないですよね。理解し合うためには、お互いに自分のことを主張ばかりしていてはいけない。いつまでも噛み合わないように思います。だから、聴き合うことが大切なんですね。まず、今日、みなさんが私の話を聴いてくださったように、部下である私が、しっかり上司の話を聴いて理解する。そうすると、上司も私の話も聴いてくれるようになると思います。それが部下としての私の役割なんだと思いました。みなさん、今日は、本当にありがとうございました」

「みなさん、お疲れさまでした。今日の勉強会はこれで終わりにします。さあ、これからどこへ飲みに行きましょうか？」。司会者が締めくくった。

ピア・グループ・スーパービジョンの展開例

私が、研修でやっているピア・グループ・スーパービジョンの展開例を紹介しました。一つの進め方として参考にしていただければと思います。これは、何もスーパービジョンだけに役立つ方法ではありません。いろいろな集団での話し合いに活用できると思います。

さて、再度展開例を振り返り、段階を追ってポイントを整理しておくことにします。

①事例を明確にする

まず、事例提供者の話にしっかり耳を傾けます。説明がひと通り終わるまで、ほかのメンバーは口を挟まないことが大切です。ただし、司会者はあらかじめ、説明に要する時間を設定しておきます。

その後、ほかのメンバーから事例提供者に質問をします。質問の内容は、「事例提供者が、どのような状況の中でどのような困り方（悩み方）をしているのか」ということです。あくまでも、事例提供者の状況や気持ちに焦点を当てます。そして、事例提供者は、それに答えます。

ここで大切なことは、事例提供者を責めるような質問をしないということです。たとえば、「私はこうすればいいと思うのですが、あなたはどうしてできないのですか？」といった質問です。確かに質問の形式にはなっていますが、責めているのです。

また、この段階では助言をしないということも重要です。助言というのは、往々にして無責任になりがちです。事例提供者の置かれている状況や気持ちが理解されてはじめて助言は成り立つのです。

②事例をシステム理解する

ここでは、今までに明らかになったことを図式化します。まず、事例提供者を真ん中に据えて、周囲に、事例の中に出てくる登場人物、集団、組織、制度、場合によれば、組織の伝統、地域性など、事例提供者に重大な影響を与えているものすべてを描いていきます。そして、それぞれが、どのような関係なのか、人物であれば、どのような気持ちが行き来しているのかなどを、線の種類を分けて示していきます。その際に、線が意味していることを箇条書きにしておくと、よりわかりやすくなります。こうして、目に見えるように状況や気持ちを表すのです。

図式化すると、事例を客観的に眺めることができるようになります。事例提供者にしてみれば、自分が真ん中に据えられているわけで、どのようなしがらみの中で、困ったり悩んだりしているのかが客観的に見えてきます。

③事例の問題点を整理する

今までに明らかになった事例の全体を眺め、問題点を列挙してきます。何をもって問題点というかというと、「事例提供者が問題だと思うことが前提」です。事例提供者が、問題点だと思わなければ問題点ではありません。つまり、事例提供者の意識にのぼる問題を整理していくのです。

方法としては、事例提供者自身が、「これが問題点です」と言ってもかまわないし、ほかのメンバーが、「これが問題点ではないですか？」と事例提供者に問いかけてもかまいません。

④事例のよい点を整理する

問題点を整理したあとに、あえてよい点を探します。なぜならば、問題点が見つかると、無意識のうちに、問題点ばかりがクローズアップされ、よい点が見えなくなるからです。

「よい点を見つけなさい」と言われても、問題点を見つけたあとでは、ひょっとしたら見つけにくいかもしれません。しかし、よい点は必ず存在するのです。たとえば、「事例提供者が、そのことで困っている、悩んでいる」こと自体がよい点なのです。なぜ困るのか、悩むのか……それは、自分自身の思いを一生懸命実現しようとしている証なのです。一生懸命仕事をしているから困るのです。悩むのです。「どうでもいい」という気持ちで仕事をしていると、困ったり悩んだりしません。こうしたことも含めて、たくさんよい点をメンバー全員で探します。

問題点だと思って列挙したことも、反対の角度から見れば、よい点かもしれません。そうした見方もしてみます。

よい点は、今後、事例提供者が問題解決をしていくにあたっての「強さ」や「前向きな力」になります。ですから、それをできるだけたくさん探すのです。

何をもってよい点というかというと、「メンバーの誰かがよいと思ったらよい」ということです。つまり、事例提供者がよい点だと思わなくてもかまいません。誰かの目によい点だと映れば、その可能性があるからです。このような手順で、よい点を探します。

⑤今後の方向性について検討する

よい点が見つかれば、今度は、事例提供者がよい点を活用し、問題点を克服できるように、メンバー全員で、今後の方向性を検討します。ここで気をつけなければいけないことは、事例提供者ができそうなことを見つけるということです。ほかのメンバーができても事例提供者ができないことには意味がありません。つい、「自分ならこうする」ということを、事例提供者に助言してしまいます。しかし、自分はできても事例提供者ができるとは限らないのです。ですから、事例提供者とやりとりし、実現可能だということを見きわめて助言をします。助言をするときには、「無責任な助言はしない」という但し書きを忘れてはいけないのです。

⑥振り返り

最後に、感じたこと、気づいたこと、決意したこと、何でもかまいませんが、それぞれのメンバーにとって、このピア・グループ・スーパービジョンはどのような意味があったのかについて全員で振り返りをします。

こうした手順で展開すると、ほぼ間違いなく受容的な空気をつくることができます。どうぞ、試してみてください。

第五章のおわりに

いかがでしたでしょうか。本書の締めくくりとして、仲間で支え、高め合うために、三つの事例を発展させ、具体的に展開させてきました。

「こんなシナリオどおりにはうまくいくはずがない」。そう思われたかもしれません。それはそうでしょう。すべてシナリオどおりうまくいけば、対人援助の組織やチームには、トラブルは起こらないし、たとえ起こってもすぐに解決ができるわけです。現実的には、そうはうまくいきません。

しかし、本章で紹介してきたような、理論的に組み立てられた理想的な方法でやってみようと努力をしているかということが問われてきます。やみくもに感じたまま、思いついたままやっていたのでは、うまくいくはずもありません。理論的に組み立てられた理想的な方法には、それなりの意味や理由があるのです。

どうぞ、あなたも、組織やチームの人たちと、今までの実際の取り組み方を振り返って、何がよかったのか、何がよくなかったのかを見きわめ、改めて、理想的な方法でやるにはどうしたらいいのかについて話し合ってみませんか。何かが見えてくると思います。そのためにも、本章で展開してきた方法を参考にしてください。

第五章のポイント

グループワークの段階

①準備期……調査による問題の所在の確認、波長合わせ
②開始期……グループワーカーの立場役割の明確化、受容的な雰囲気づくり
③作業期……メンバーの葛藤の表現、解決　↓　お互いに助け合う仕組み
④終結期……振り返りによる感情の共有、メンバー交流の意味確認

事例検討会

●事例検討会のポイント
①スタート地点としての当事者本人の理解
②問題はいろいろな原因が絡まり合って生じるという視点
③当事者に寄り添う態度
④メンバーの相互作用によって導く結論

●事例検討会の段階
①事例の提示……事例のタイトル、事例の提出理由の説明、資料に沿った事例の提示
②事例の共有……質疑応答、事例提供者の思いの共有、この時点で解決策は出さない
③論点の明確化と検討……論点は「当事者本人の理解」
　↓　当事者の側から当事者の気持ちを探る。ここでも、まだ解決策は出さない
④今後の方向性の検討……具体的なかかわりを考える。無責任な助言をしない

第五章のポイント

仕事の枠を超えた仲間

●ピア・グループ・スーパービジョン……同僚や仲間で行うスーパービジョン

●ピア・グループ・スーパービジョンの展開例

①事例を明確にする……事例提供者の話にしっかり耳を傾ける、質疑応答

②事例をシステム理解する……事例提供者を真ん中に据えて図式化、客観的に眺める

③事例の問題点を整理する……事例提供者の意識にのぼる問題点の列挙

④事例のよい点を整理する……あえてよい点を探す。メンバーの誰かがよいと思えばよい

⑤今後の方向性について検討する……よい点を活用し、問題点を克服する具体的な方法、無責任な助言をしない

⑥振り返り……それぞれのメンバーにとってどのような意味があったか、全員で振り返る

おわりに

「俺に部下はいない。いるのは仲間だけだ！」。二〇一〇年夏に公開された映画、『踊る大捜査線 THE MOVIE3 ヤツらを解放せよ！』のクライマックスシーン、青島俊作刑事の台詞です。織田裕二さん扮する青島刑事は、このたび警視庁湾岸署の刑事課強行犯係係長に昇進しました。係長になったわけですから、当然部下がいます。

組織やチームには、上司もいれば部下もいます。先輩もいれば後輩もいます。保育所や学校はともかく、ほかの対人援助の組織やチームでは、いろいろな専門職も一緒に仕事をしています。今まで示してきたとおりです。

また、福祉施設では、直属の上司が違う専門職、たとえば、看護師の上司が介護職（介護福祉士など）や相談職（社会福祉士など）、逆に、介護職や相談職の上司が看護師であるというケースも少なくありません。たとえ、同じ専門職であっても、上司のほうがはるかに若く経験が浅いといったケースも少なくありません。

さらに、特に高齢者の在宅での暮らしを支える小規模な居宅介護支援事業所などに象徴されるように、管理者やそれに準ずる職員が、対人援助の専門職ではないといったケースも増えています。前著『対人援助職の燃え尽きを防ぐ―個人・組織の専門性を高めるために』では、最後に、スーパービジョンの有効性について示してきました。本来、スーパービジョンは、上司が部下の育成をする、経験豊富な人が経験の浅い人を育成するといった、上から下への流れで行われるものです。また、当然、介護職は、看護師の専門性を高めることはできません。つまり、違う専門職の専門性を育てることはできません。介護職は介護職を、看護師は看護師を、保育士は保育士を育成するといった、同じ専門職の間でスーパービジョンが行われるのが本来の姿です。ピアスーパービジョンも、本来は、同じ専門職同士で行うものでしょう。

ここで、前述したような現状がある対人援助の組織やチームで、「果たしてスーパービジョンは成り立つのか」といった疑問が出てきます。私自身、一〇年以上にわたって、スーパービジョンに関する研修や講演を数多くやってきました。数冊の本も書きました。前著でも、締めくくりとして、スーパービジョンを取り上げたくらいです。私だけに限りません。スーパービジョンの必要性は、広く認識されてきましたので、各地で充実させるための取り組みが行われています。

それにもかかわらず、対人援助の現場に、未だスーパービジョンが定着しません。スーパービジョンの土台となる機能である、燃え尽きを防ぐための支持的機能の必要性が広く知られているにもかかわらず、燃え尽きる対人援助職はいっこうに減りません。ですから、こうした疑問がどんどん膨らんでいます。

この疑問を解消する方法があると思います。それは、戦後アメリカから持ち込まれた「スーパービジョン」に固執するのではなく、日本の対人援助の現場の現状にあったスーパービジョンに再編するということ。つまり、「スーパービジョン」のほうから、現状に歩み寄り、現状にあった定義づけをすることが必要かもしれません。

燃え尽きを防ぐために支え合うことは、違う専門職同士でも、部下から上司に対しても可能でしょう。また、よい援助関係を築くための専門性を高め合うことも可能でしょう。よい援助関係を築く専門性、つまり、すべての対人援助職に共通する専門性を明確にし、違う専門職同士でも、また、部下から上司へといった下から上への流れででも、支え合い高め合うようなスーパービジョンが成り立つように定義づける必要があるかもしれません。

「そんなものはスーパービジョンではない」ということであれば、「スーパービジョン」という言葉を使わなくとも、前述した現状がある以上、支え、高め合うという仕組みを組織やチームにつくるべきでしょう。現実に、昨日も今日も、燃え尽きて辞めて行く対人援助職があとを絶たない現状がある以上、それを防がないといけません。

青島刑事の台詞に象徴されるように、違いがあっても「仲間」という意識をもつこと、そして、いろいろな課題がありますが、その課題を念頭に置きつつ、仲間で支え、高め合う、そのことによって、個々の対人援助職の専門性を高め、燃え尽きを防ぎたいものです。

本書は、あえてスーパービジョンという言葉を使わずに書いてきました。しかし、決して、「スーパービジョン」を否定するものではありません。今後も定着するように、日々私は活動を続けていくつもりです。その一方で、スーパービジョンのあり方を模索していきたいと思います。

本書を出版するにあたり、前著に引き続き多くの示唆を与えてくださり、ご尽力くださった創元社の松浦利彦さんに感謝いたします。

二〇一一年七月

著　者

参考文献

- 『対人援助職の燃え尽きを防ぐ――個人・組織の専門性を高めるために』植田寿之著、創元社、二〇一〇年
- 『対人援助のスーパービジョン――よりよい援助関係を築くために』植田寿之著、中央法規出版、二〇〇五年
- 『ストレス・スパイラル――悩める時代の社会学　補強版』服部慶亘著、人間の科学新社、二〇〇四年
- 『人間理解のグループ・ダイナミックス』吉田道雄著、ナカニシヤ出版、二〇〇一年
- 『ソーシャル・ケースワーク――対人援助の臨床福祉学』足立叡・佐藤俊一・平岡蕃編、中央法規出版、一九九六年
- 『グループワークの専門技術――対人援助のための77の技法』黒木保博・横山穣・水野良也・岩間伸之著、中央法規出版、二〇〇一年
- 『グループワーク論――ソーシャルワーク実践のために』大塚達雄・硯川眞旬・黒木保博編著、ミネルヴァ書房、一九八六年
- 『援助を深める事例研究の方法　対人援助のためのケースカンファレンス』岩間伸之著、ミネルヴァ書房、一九九九年
- 『リーダーのＧＷＴ』坂野公信著、遊戯社、一九八八年
- 『日本人の文化的特性からみるピア・グループ・スーパービジョンについての研究』塩田祥子・植田寿之著、花園大学社会福祉学部研究紀要、第一九号、二〇一一年

著者略歴

植田寿之（うえだ・としゆき）

一九六〇年、奈良県生まれ。同志社大学文学部社会学科社会福祉学専攻卒業後、社会福祉法人京都府社会福祉事業団心身障害者福祉センター（身体障害者療護施設・生活指導員）に勤務。その後、奈良県に就職。社会福祉法人奈良県社会福祉事業団に出向し、奈良県心身障害者リハビリテーションセンター（重度身体障害者更生援護施設・生活指導員）に勤務。一三年間の社会福祉現場経験後、同志社大学大学院文学研究科社会福祉学専攻博士課程（前期）に進学。修了後、皇學館大学社会福祉学部助手、梅花女子大学現代人間学部講師および准教授を経て、現在フリーで講演、研修講師、執筆等活動中。その他、社団法人日本社会福祉士会理事、奈良県社会福祉士会会長などを歴任。著書『対人援助職の燃え尽きを防ぐ』『物語で学ぶ 対人援助職場の人間関係』（創元社）、『対人援助のスーパービジョン』（中央法規出版）、共著書『ホームヘルパー養成研修講師用マニュアル』（創元社）、『ワーカーを育てるスーパービジョン』（中央法規出版）など。

〈ホームページ〉http://www4.ocn.ne.jp/~tueda/

続《ぞく》・対人援助職《たいじんえんじょしょく》の燃《も》え尽《つ》きを防《ふせ》ぐ　発展編《はってんへん》
——仲間《なかま》で支《ささ》え、高《たか》め合《あ》うために

二〇一一年一〇月一〇日　第一版第一刷発行
二〇一二年一一月一〇日　第一版第二刷発行

著　者　植田寿之
発行者　矢部敬一
発行所　株式会社 創元社
〈本　社〉〒五四一-〇〇四七
大阪市中央区淡路町四-三-六
電話（〇六）六二三一-九〇一〇㈹
〈東京支店〉〒一六二-〇八二五
東京都新宿区神楽坂四-三　煉瓦塔ビル
電話（〇三）三二六九-一〇五一㈹
〈ホームページ〉http://www.sogensha.co.jp/

組版　はあどわあく　　印刷　図書印刷

ISBN978-4-422-32058-8 C0036

好評既刊

対人援助職の燃え尽きを防ぐ
――個人・組織の専門性を高めるために

植田寿之著

対人援助職で燃え尽き症候群に陥る人が増える中、その防止策として個人と組織の専門性を高めることを提案。高度な感情コントロールも含め、疲れや対人ストレス軽減をめざす。

1800円

物語で学ぶ 対人援助職場の人間関係
――自己覚知から成長へ

植田寿之著

対人援助職場の職員同士が良好な人間関係を築き、質の高い利用者支援と職員集団の成長を図る方法を提示する。「自己覚知」をキーワードに、全一〇話の架空の物語と事例で構成。

1800円

福祉医療用語辞典 第2版

宮原伸二監修

ケアマネジャーやホームヘルパー、介護施設職員など広く福祉の現場に関わる人と福祉職受験者のために編まれた医療用語辞典。分野別の構成で、約二〇〇〇の必要十分な用語を収録。

2400円

福祉カタカナ語辞典

大西健二著

福祉現場での実用に堪える約二八〇〇語を平易に解説して収録。福祉や保健・医療分野を学ぶ学生や社会福祉士、介護福祉士、ホームヘルパー養成研修などの受験者・受講者に最適。

2000円

ホームヘルパーと介護者のための医療サイン

宮原伸二著

在宅介護利用者の健康状態の異変にどう気づき、どう対応するかについて、声かけ、気づき、観察、対応などの段階別にチェックポイントを例示してわかりやすく図解した初の本。

1800円

〈価格には消費税は含まれていません〉